NAPOLÉON III

ET

ABD-EL-KADER

PARIS. IMPRIMERIE DE GUIRAUDET ET JOUAUST,
RUE SAINT-HONORÉ, 338.

ABD-EL-KADER.

NAPOLÉON III

ET

ABD-EL-KADER

CHARLEMAGNE ET WITIKIND

ÉTUDE HISTORIQUE ET POLITIQUE

BIOGRAPHIE DE L'ÉMIR
Contenant un grand nombre de lettres et de documents inédits

PAR LE COMTE EUGÈNE DE CIVRY

PARIS
P. MARTINON, LIBRAIRE-ÉDITEUR
4, RUE DU COQ S.-HONORÉ

A S. M. l'Impératrice Eugénie.

Madame,

Si le Ciel m'eût fait naître au huitième siècle et qu'il eût été donné à ma plume de retracer la grande lutte des Saxons et des Francs, ce n'est pas à Charlemagne, c'est à Witikind que j'eusse dédié mon livre. Le vainqueur trouve sa récompense dans sa victoire; mais le héros vaincu a besoin, en attendant la justice de l'histoire, de trouver dans les respects et les hommages de ses contemporains la compensation de ses revers.

En tête de ces pages, consacrées à retracer, d'un côté, la lutte héroïque de la nationalité arabe, de l'autre l'acte glorieux qui vient de la terminer à l'honneur de la France, j'avais, sans hésiter entre le vainqueur et le vaincu, inscrit résolument le nom d'Abd-el-Kader.

Je l'efface aujourd'hui....

Le seul nom devant lequel puisse s'effacer celui d'un héros, c'est celui d'une femme.

Madame, Votre Majesté me permettra de mettre mon livre aux pieds de l'Impératrice des Français.

L'Émir ne m'eût pas pardonné de dédier à un autre qu'à Votre Majesté un monument élevé à la clémence de l'Empereur, et il eût maudit la permission qu'il m'avait donnée, si elle eût servi à faire passer son nom avant le Vôtre.

Madame, en montant sur le trône, Vous tenez dans Vos mains le cœur de la France, puisque des deux parts de la puissance c'est la plus belle qui Vous échoit. Vous y représenterez la clémence et tous les bienfaits qui tempèrent le pouvoir et qui le font bénir. Plus heureuse que bien des Reines, Vous y trouvez, dès le premier jour, ces vertus déjà florissantes et honorées, et Votre Majesté n'aura qu'à les embellir et à les multiplier.

Il n'y a pas beaucoup de Souverains qui, avant de conduire à l'autel leur royale fiancée, puissent lui offrir, parmi les écrins et les joyaux de leur couronne, d'aussi belles, d'aussi impérissables palmes, que celles qui brillent dans la main de l'Empereur, et dont j'ai le bonheur de pouvoir offrir aujourd'hui à Votre Majesté une pâle et fugitive esquisse.

Il m'a fallu remonter plusieurs siècles dans l'histoire pour retrouver les mêmes lauriers réunis sur une seule tête dès le début d'un règne.

Vous auriez, Madame, le droit d'être fière, si Votre âme, trop grande pour avoir de l'orgueil, ne Vous avait appris à reconnaître les desseins de Dieu dans les œuvres de l'homme. Comme l'Empereur, l'Impératrice voit dans un trône la grandeur des devoirs bien plus que l'éclat des honneurs.

Votre Majesté est d'un sang qui ne se laisse pas éblouir par la gloire, parce qu'il y est accoutumé. Le Ciel, qui se plaît parfois à ravir la puissance aux vieilles races pour la donner à des races nouvelles, sait aussi, par des retours subits, la rendre à celles qui l'avaient perdue.

Fille de héros couronnés qui ont sauvé l'Europe en combattant les Maures, Vous retrouvez tout à coup devant Vous la meilleure et pacifique moitié de leur chevaleresque tâche : c'est à l'heure solennelle où s'achève glorieusement une dernière Croisade contre une double barbarie, que Vous êtes appelée à panser les blessés et à effacer de toutes parts la trace des combats.

Mais la Providence, en Vous confiant l'une des plus grandes missions qu'une femme puisse avoir ici-bas, Vous a d'avance ouvert toutes les voies, et ne Vous a rien refusé de ce qui fait aimer et pardonner la victoire. Les princes Vos aïeux Vous ont légué huit siècles de gloire ; l'Empereur Votre époux Vous a conquis huit millions de suffrages. Votre Majesté revendique dès aujourd'hui l'honneur de compléter ce magnifique apanage.

L'Empereur, le jour de son avénement au trône, a dit à l'Emir : « Votre voix m'a porté bonheur ! »

L'humble hommage que je dépose aux pieds de Votre Majesté ne servît-il qu'à Lui rappeler, en un si beau jour, cette belle et profonde parole d'une voix qui Lui est chère, que la France bénit et que le monde admire, je me féliciterais toute ma vie d'avoir écrit ces pages.

Ce ne sont ni les chartes ni les épées qui sacrent les dynasties ; ce sont les actes magnanimes et les cœurs inspirés d'en haut.

Si l'histoire pouvait jamais oublier que c'est Clotilde qui a fondé la monarchie française, la France se rappellerait toujours que c'est la mère de saint Louis qui, en la couronnant de l'auréole de ses vertus, a fondé la plus illustre dynastie de la terre.

Aujourd'hui, Madame, le peuple français se souvient que Blanche de Castille était du pays de Votre Majesté, et Votre Majesté se souvient, à son tour, qu'Elle a dans les veines du sang de la Reine Blanche.

Je suis avec un profond respect,

Madame,

De Votre Majesté Impériale,

Le très humble serviteur et sujet,

Le Comte Eugène DE CIVRY.

Paris, 30 janvier 1852.

AUTOGRAPHE D'ABD-EL-KADER.

الحمد لله وحده

حضرة الفاضل العالم النسيب سيدي سيفوري السلام عليكم، وبعد فانكم أخبرتموني انكم اردتم ان تذكروا اسمنا في عنوان كتابكم، وهذا متة وهذا الشيء هو فوق حقنا ولا نستاهله، ولكن لما عزمتم على ذلك فانتم اهل لكل فعل نسئل الله ان يجازيكم عنا بافضل الجزاء. وان يكثر اهل العلم والفضل اذ بهم تصلح البلاد والعباد والسلام عليكم من عبد القادر بن محي الدين يوم الاثنين ثمان خلت من ربيع الاول عام ١٢٦٩

Louange à Dieu seul!

A sa Seigneurie le parfait, le savant Sid de Civry.

Que le salut soit sur vous!

Vous m'avez fait connaître que vous aviez l'intention de mettre mon nom dans la dédicace du livre que vous composez.

Cet honneur est au dessus de ce que je mérite, mais puisque vous l'avez résolu vous méritez tous mes remerciements.

Je prie Dieu de vous récompenser à cause de moi, et d'augmenter le nombre des hommes de science et de perfection qui, comme vous, feront le bien du pays et de ses habitants.

Le salut de la part d'Abd-El-Kader ben-Mahhi-ed-Din.

Écrit le lundi 8 du mois de Rebi el Aoual 1269 (Samedi 18 Décembre 1852).

CHARLEMAGNE ET NAPOLÉON.

I.

LA VEILLE DE L'EMPIRE.

Il y a dans l'histoire des époques dont les traits caractéristiques, à travers les diversités infinies de mœurs et d'âge, offrent aux regards de l'observateur étonné des analogies qui dominent tous les événements et défient toutes les imaginations.

Le huitième siècle et le dix-neuvième siècle nous offrent cette étrange merveille.

L'un et l'autre sont des époques de transition et de transformation. L'un et l'autre sont pleins d'effroyables périls et de gloires incomparables. Dans l'un et dans l'autre, les destinées de l'Europe entière se décident au sein de la même nation qui tient dans ses mains la paix et la guerre, l'anarchie et la civilisation. Dans l'un et dans l'autre, la France, menacée par le glaive et la barbarie, voit monter sur son trône une dynastie nouvelle et couronne de ses mains le nom qui la sauve et qui gouverne le monde.

Seuls entre tous les autres siècles, ils voient le royaume très chrétien prendre le titre d'empire, et Rome déposer sur la tête du Franc victorieux la couronne des Césars.

L'un et l'autre sont remplis par un seul nom, et ce nom, grandissant d'âge en âge, efface par son éclat les plus beaux noms des siècles qui les précèdent et qui les suivent. Le nom de Napoléon ne se mesure qu'avec le nom de Charlemagne. Ce sont deux colosses qui se regardent et se donnent la main au dessus des milliers de héros et à travers les mille ans qui les séparent.

Mais il y aurait une grave erreur à ne voir que des combats et des conquêtes dans ce gigantesque parallèle.

Sans doute la guerre apparaît à l'origine de tous les empires, au berceau de toutes les nations. Elle est un des grands éléments de la puissance et a servi de base première à presque tous les trônes. Mais la force morale est la première des forces ; elle l'emportera toujours sur la force militaire, et quiconque essaierait de créer sans elle ou contre elle ne ferait qu'improviser des créations éphémères.

Les empires s'appuient sur les droits bien plus que sur les armes, et chez les peuples chrétiens une épée, si grande et si victorieuse qu'elle soit, ne peut se transformer en un sceptre durable que quand elle est trempée et sanctifiée au double feu de la civilisation et de la religion.

Quand on gagne une grande bataille, on sauve ou l'on assure les biens d'un peuple pour quelques jours, quelques années peut-être; mais quand on pose un grand principe, on sauve ou l'on assure son avenir pour les siècles.

Le corps trouve l'activité dans les camps, mais c'est de l'âme que vient la véritable vie. Les peuples peuvent grandir dans la guerre, mais ils ne se fortifient que dans la paix. Les exploits couronnent les guerriers, mais il n'y a que les bienfaits qui couronnent les rois. On s'illustre, il est vrai, par la victoire, mais on ne s'honore que par la justice.

Ce n'est pas seulement pour avoir vaincu à la fois les Sarrasins et les Lombards, les Saxons et les Maures, que Charlemagne est le plus grand nom de l'histoire; c'est parce que, après avoir écrasé sous le sabot de son coursier de guerre la barbarie armée qui menaçait d'étouffer à jamais la civilisation chrétienne, il s'est fait l'apôtre et le chevalier de cette civilisation dans toute l'Europe, qu'il en a posé partout les colonnes et les bases, qu'il l'a entourée du prestige de sa gloire, qu'il l'a protégée de toute la puissance de son génie, qu'il lui a fait un piédestal de toutes ses conquêtes et une couronne de tous ses lauriers.

Si le nom de Napoléon remplit et fascine ce siècle, s'il n'a fait que grandir après des revers capables d'anéantir dix peuples, si à cette heure même il domine la France et l'Europe, ce n'est pas seulement parce qu'il porte avec lui la glorieuse auréole de Marengo, d'Austerlitz, de Wagram, et de cent autres journées immortelles ; c'est parce qu'il a relevé la France de ses ruines, qu'il a ramené la religion d'une main et la justice de l'autre, qu'il a proclamé la puissance des principes plus encore que la puissance des armes ; c'est qu'enfin deux fois en cinquante ans l'Europe en péril l'a vu terrasser l'anarchie et sauver la civilisation.

La civilisation européenne est le lien indissoluble qui unit à jamais les deux noms de Charlemagne et de Napoléon. Le premier l'a créée au huitième siècle ; le second l'a sauvée au dix-neuvième.

Dans ces deux siècles, non seulement la France, mais la plupart des nations, portent jusqu'au plus profond de leurs entrailles l'empreinte carlovingienne et l'empreinte napoléonienne. Les triomphes de l'ennemi et les retours de la fortune n'ont pu même l'effacer en un seul endroit. Des invasions ont labouré le sol de la patrie, d'autres dynasties sont montées sur le trône ; mais l'organisation politique et sociale, la législation, l'administration, les institutions judiciaires, financières, militaires et littéraires, tout ce qui fait la force et la grandeur des nations resta debout ou ressuscita avec le cachet créateur pour transmettre aux générations futures l'immortel héritage de ce double et fabuleux génie.

Loin de nous la prétention de tracer un tableau complet dont la seule pensée nous écraserait, et d'établir un parallèle rigoureux dont les éléments nous échapperaient ! Nous voulons seulement mettre en regard à plus de dix siècles de distance deux faits qui, dans deux sphères diverses, montrent la France toujours grande, toujours identique à elle-même, aux deux extrémités de son histoire, et qui rapprochent, en les honorant, les deux grands noms symboles de sa vieille gloire et de sa gloire nouvelle.

Avant d'être empereur, Charlemagne avait accompli les deux grands actes qui dominent toute son étonnante carrière et dont tout son règne n'a été, pour ainsi dire, que le magnifique épanouissement.

D'un côté, il avait, à l'éternel honneur de la France, fondé par les armes le trône inviolable de la chrétienté ; de l'autre, il avait désarmé par sa magnanimité le plus formidable ennemi du nom franc et du nom chrétien. Après avoir tendu une main généreuse au pontife sans défense, il tendit une main clémente à Witikind vaincu, et c'est appuyé sur cette double et glorieuse amitié, accompagné de ce double et sublime trophée, qu'il s'avançait vers ce sommet suprême où la couronne impériale allait se poser d'elle-même sur sa tête, non comme le fruit ambitieux de ses désirs, mais comme la mâle récompense de ses services.

A l'heure solennelle où nous voyons de nouveau l'empire ressusciter du sein des ruines de la patrie, et s'élever triomphalement, non pas avec la rapidité d'une éruption volcanique ou la violence d'une révolution sanglante, mais avec la marche ascensionnelle, graduée, pacifique et irrésistible d'une révolution sidérale, il est frappant, il est merveilleux de retrouver deux faits du même ordre et presque identiques, précédant et caractérisant ce nouvel avénement du peuple franc au trône impérial. Rapprochons un instant ces deux pages d'histoire écrites par la Providence pour l'enseignement des nations.

II.

ADRIEN Ier ET PIE IX.

Avec ce profond et lumineux instinct du génie qui, sans s'arrêter aux vulgaires apparences, va au plus profond des choses pour y surprendre les secrets de la vérité et de la vie, Charlemagne comprit tout d'abord que, la religion étant la base de toute civilisation, il fallait, pour fonder au sein d'une société barbare le grand édifice de la civilisation européenne, lui donner avant tout une base chrétienne. Il voulut qu'au milieu de tant de peuples divers et de tant de races ennemies en proie à toute la violence des passions et à toutes les vicissitudes de la force, il y eût, pour leur servir de boussole et de phare, un royaume de la conscience et du droit qui ne relevât d'aucune puissance humaine.

Pour que la Vérité pût parler aux hommes un langage digne d'elle, il fallait avant tout qu'elle fût libre. Dans les premiers siècles de l'Eglise, elle avait eu l'indépendance que donne le martyre ; mais l'Europe entière, devenant chrétienne, ne pouvait souffrir que ses pontifes n'eussent que les catacombes pour demeure et payassent de leur sang chacune de leurs paroles. Pour être libre, l'Eglise devait avoir un morceau de terre où elle fût reine et maîtresse, et d'où elle pût, à toute heure, parler aux peuples et aux rois, sans rien craindre et sans rien demander.

Ce patrimoine de la parole divine et de

la conscience humaine, ce domaine où l'autorité morale devait régner à l'abri de la force, cet asile sacré de tous les droits et de tous les devoirs, Charlemagne ne voulut laisser à aucun autre qu'au peuple franc l'honneur de le fonder, et d'en consacrer, entre les mains du représentant de Dieu, l'inviolable souveraineté.

Celui qui occupait alors la chaire de saint Pierre se trouvait être un grand homme. Il était digne de comprendre le génie qui présidait si fièrement aux destinées de l'Europe, et la Providence ne tarda pas à rapprocher le jeune héros et l'illustre pontife, au profit de leur cœur, de leur gloire, de leur œuvre et de l'avenir.

Adrien Ier se voyait menacé à la fois par les Sarrasins et par les Lombards, et Rome assiégée allait subir les violences de la conquête et le joug de la force. Charlemagne accourt à la tête de son armée, franchit les Alpes, pacifie l'Italie, sauve Rome des mains de ses oppresseurs, et, déposant son épée aux pieds du vicaire de Jésus-Christ, il signe l'acte immortel qui assure à l'Eglise l'indépendance du foyer et la dignité du trône.

L'invincible guerrier avait ainsi inauguré son règne par l'un des actes les plus magnanimes de l'histoire, et en quittant Rome il y laissait une majesté bien autrement auguste et une puissance bien autrement grande que celle des Césars.

Uni au roi-pontife par les doux nœuds d'une illustre amitié, uni au Saint-Siége par les liens sacrés d'une mutuelle protection, il pouvait marcher désormais sans crainte à l'accomplissement de sa colossale mission. Charlemagne et Adrien apparurent alors au sommet de l'Europe comme la double personnification du pouvoir suprême, comme la majestueuse incarnation de la puissance temporelle et de la puissance spirituelle, comme les deux gigantesques colonnes sur lesquelles allait s'élever tout l'immense édifice de la civilisation moderne.

Cet édifice dura dix siècles, et, quoique pendant cette longue période il eût eu à soutenir bien des assauts et à subir bien des vicissitudes, il ne fut jamais radicalement ébranlé et sérieusement menacé de périr.

Mais tout à coup une ère d'effroyables bouleversements se leva sur le monde; la barbarie, annoncée par de sanglantes fureurs, menaça de reparaître, et le Christianisme sembla un instant près d'être mis au ban des nations. La nation très chrétienne s'était vue la première violemment séparée de l'Eglise par un sauvage divorce; le pontife qui avait été jadis couronné par la France venait de mourir enchaîné par la France. Ce fut alors que le nom de Napoléon apparut et vint couvrir d'une gloire nouvelle l'œuvre de Charlemagne. L'épée du plus grand des conquérants s'inclina devant le sceptre du plus désarmé de tous les rois, et cette épée, tout étincelante des feux de la victoire, signa, sous le titre de Concordat, le pacte auguste qui renouait l'antique alliance du Christianisme et de la France.

Hélas! ce n'était qu'une paix éphémère et un triomphe provisoire. De plus grands périls allaient menacer d'un naufrage universel l'édifice social et religieux tout entier. La France, en proie au délire de ses factieux oppresseurs, avait, en un jour de vertige, porté la main sur le trône et l'autel devant lesquels tant de générations s'étaient inclinées, retrempées et illustrées. Cette fois c'était l'Europe entière, ébranlée depuis ses premiers fondements jusqu'à ses dernières frontières, qui voyait la Révolution triomphante prête à inaugurer solennellement, sur les ruines de toutes les croyances et de tous les pouvoirs, le règne éternel de l'anarchie. Qu'allait faire la société en face de cet universel et épouvantable cataclysme? La civilisation était attaquée à la fois par les idées et par les armes, la barbarie triomphait de toutes parts.

La force morale, partout et depuis longtemps minée, venait de voir disparaître soudain son premier trône et son dernier asile. Le siége auguste où régnait, protégée par sa faiblesse matérielle et sa pacifique majesté, l'autorité la plus haute de la terre, avait été renversé dans le sang et la boue par la main des tyrans populaires accourus de tous les points du globe. Rome n'était plus la capitale du monde chrétien; le pape errait fugitif et détrôné.

On entendait de toutes parts des voix qui prêchaient la guerre à mort contre toute autorité politique et religieuse, *contre le monstre à deux faces qui s'appelle royauté et papauté.* Les nouveaux apôtres, les vainqueurs du jour, s'écriaient sur tous les tons: *Sachez-le bien! pour que l'Europe n'ait plus de rois, il faut que Rome n'ait plus de pape! Tout membre de la société nouvelle doit être son pape et son roi*[1] !

C'était l'inauguration triomphale de l'état sauvage.

A ce moment de péril suprême il se trouva un homme qui comprit que, la papauté étant le point de mire de toutes les attaques des démolisseurs, elle devait être aussi le point de départ des défenseurs de la société européenne. Voyant cette société gisant par terre, semblable à une pyramide renversée, il comprit qu'on ne pouvait la relever qu'*en la replaçant sur sa base* [2].

---

[1] Phrases textuelles des avant-derniers manifestes de Londres, rédigés par le Comité révolutionnaire universel.

[2] Paroles de Louis-Napoléon à l'installation des grands corps de l'état. Mars 1852.

Ne se croyant ni plus fort ni plus habile que Charlemagne, il ne chercha pas cette base ailleurs que là où elle était depuis tant de siècles, et sa première pensée vola vers Rome pour y reconstruire et y raffermir les impérissables fondements cimentés par le génie du grand empereur.

Or l'homme à qui Dieu avait inspiré cette idée sublime tenait dans sa main l'épée de la France, et il s'appelait Napoléon.

Prendre d'assaut la Ville Eternelle, l'arracher à la horde d'assassins qui l'opprimait et la déshonorait, sauver de leurs mains sacriléges les chefs-d'œuvre des arts, les trésors de tous les peuples et de tous les siècles, en même temps que la liberté de l'Eglise et la capitale de la Chrétienté, replacer sur son trône, dans la cité des empereurs et des martyrs, le serviteur des serviteurs de Dieu, ce fut l'œuvre de quelques jours, et l'immortel début d'une mission providentielle.

Sous cette généreuse et puissante inspiration, l'armée française venait de recommencer, après plus de mille ans, la magnifique croisade qui l'avait illustrée dès les débuts de son histoire.

La France venait de montrer une fois de plus, et à travers tous les périls, qu'elle est toujours l'avant-garde de la civilisation chrétienne.

Le canon du fort Saint-Ange a salué joyeusement le drapeau de ses libérateurs; et ce noble drapeau, après avoir dominé et protégé les ruines de l'antique Rome et les monuments de la Rome chrétienne, après avoir couvert de son ombre le Panthéon et le Colisée, le Capitole et les Catacombes, a vu s'abriter sous ses plis généreux le seul roi devant lequel s'inclinent les rois de la terre.

Saint-Jean-de-Latran et Saint-Pierre ont ouvert leurs portes séculaires pour recevoir avec respect la vaillante armée qui, ne craignant pas plus le sarcasme de l'impie que les boulets de l'ennemi, ramenait triomphalement au tombeau des apôtres leur successeur exilé.

Les deux augustes basiliques ont senti leurs parvis tressaillir sous les pas et les armes du soldat français, et, sous leurs voûtes sacrées qui ne s'en alarmaient pas, des voix françaises ont fait retentir le commandement militaire.

Et lorsque, du haut du Vatican, en face du dix-neuvième siècle à son midi, le pontife souverain a béni Rome et le monde, la France était la première sous sa main, la croix de Charlemagne brillait à ses regards, le canon d'Austerlitz tonnait à ses oreilles, et l'étendard des Pyramides flottait sur sa tête.

Ce pontife, c'était Pie IX. Auguste successeur de saint Pierre et de cent noms couronnés par le martyre ou par la gloire, saint prêtre et bon roi, commandant le respect par ses vertus autant que par sa tiare, entouré sur son trône des acclamations enthousiastes de son peuple, visité dans son exil par les hommages de l'univers, il était digne, comme Adrien, de trouver dans le peuple qui porte le beau nom de *fils aîné de l'Église*, le champion de ses droits et le vengeur de ses revers.

En rendant la couronne à Pie IX, la France se couronnait elle-même.

Aujourd'hui, quand une parole libre et souveraine part du Quirinal ou du Vatican pour aller jusqu'aux confins de la terre enseigner, sous tous les soleils, la justice aux rois et la modération aux peuples, apprendre leurs droits et leurs devoirs aux sauvages comme aux citoyens, aux grands et aux puissants comme aux petits et aux pauvres, donner aux malheureux et aux opprimés de tout nom et de tout pays l'espérance ou la consolation, et porter à tous la lumière et la vérité; le premier ou le dernier des chrétiens, qu'il habite un palais ou une chaumière, qu'il soit perdu dans les glaces du pôle ou les forêts du Nouveau-Monde, qu'il erre sur l'océan ou dans le désert, qu'il parle la langue des bords du Rhin ou celle des bords du Gange, sait à cette heure, et il ne l'oubliera jamais, quelle nation a rendu la puissance et la liberté à ce prêtre désarmé qui parle à tous au nom du père de tous;..... et il prononce, en le bénissant, le nom sacré de la France.

Par la grâce de Dieu et l'épée de la France, Rome est redevenue la base et le sommet de la civilisation européenne, et sur le piédestal de ce premier trône du monde la reconnaissance et l'histoire ont, à côté du nom de Charlemagne, inscrit le nom de Napoléon.

III.

WITIKIND.

Charlemagne venait d'inaugurer sa grande œuvre de régénération sociale par un acte marqué au double cachet de la foi et du génie, environné de la double auréole du bienfait et de la victoire.

Il lui restait un autre acte à accomplir, et celui-là devait être le complément fécond et le glorieux parallèle du premier. Après avoir assuré et consacré le grand foyer de la civilisation chrétienne, il se tourna vers les frontières. Après avoir concentré au cœur tous les éléments de la vie, il s'occupa de leur rayonnement. Il ne lui suffisait pas de s'être déclaré le protecteur de la chrétienté, il voulut aussi en être au dehors l'infatigable apôtre. Nous avons vu comment il protégeait le plus auguste des alliés de la France, nous allons voir comment il désarmait le plus redoutable de ses ennemis.

Au VIIIe siècle, parmi les peuples primitifs qui étaient restés rebelles à la civilisation et qui remplissaient de leurs tribus nomades les vastes forêts de la Germanie, il n'en était pas de plus fiers et de plus belliqueux que les Saxons. Au premier aspect on les reconnaissait pour les héritiers de ces terribles Germains qui n'avaient cessé de défendre victorieusement leur indépendance contre la toute-puissance des Césars et qui avaient en un jour anéanti ces belles légions de Varus, tant pleurées par Auguste.

Ces intrépides guerriers s'étaient déjà plus d'une fois armés contre les Francs, devenus les héritiers de la puissance romaine. Les symptômes d'une rivalité sanglante s'étaient déclarés peu à peu entre les deux peuples, unis par leur commune origine, mais divisés par leurs mœurs et leur foi. Des agressions réitérées de la part des Saxons appelèrent sur eux la colère et l'invasion des Francs, et bientôt éclata, entre les apôtres armés de la civilisation et les défenseurs de l'indépendance barbare, une de ces luttes acharnées qui remuent tout un siècle et qui décident à jamais de la destinée d'une nation.

Il y avait déjà trois cents ans que Clovis avait fait du peuple franc le premier des peuples chrétiens. Depuis Tolbiac, l'épée de ses guerriers et la main de ses évêques ne s'étaient pas reposées, et elles avaient agrandi chaque jour sous ses pas la sphère de sa puissance et de ses lumières. Il venait d'avoir Charles-Martel pour capitaine, Pépin le Bref pour roi, et à cette heure il avait Charlemagne à sa tête. C'était là assurément la première nation de l'Europe.

Du jour où les Saxons la virent s'ébranler et marcher contre eux en colonnes serrées, ils durent se regarder vaincus et ne songer qu'à implorer d'avance la clémence du vainqueur. Qui eût osé leur supposer l'audacieux espoir de soutenir, quelques jours seulement, une lutte sans merci contre une puissance qui n'avait déjà plus d'égale? Qui eût osé les engager à affronter avec leurs bandes éparses le choc d'une armée immense, qui décuplait le nombre par l'unité et qui joignait à la sève de la jeunesse la force de la discipline et les ressources de la civilisation?

Un homme l'osa. Cet homme se leva tout à coup du sein d'une tribu saxonne; il s'avança résolument au devant de l'armée des Francs pour soutenir la lutte au nom de la Germanie entière; il n'hésita pas à présenter sa tête aux coups de la foudre qui menaçait sa patrie, et, quand tout semblait devoir se courber sans combat sous la main de ces invincibles conquérants, il résolut de tracer lui-même avec la pointe de son glaive les limites de l'empire de Charlemagne.

Ce nouvel Arminius s'appelait Witikind.

Tout ce que la force des croyances, l'amour du foyer paternel, le fanatisme de la patrie, l'héroïsme et le génie peuvent inspirer de prodiges, Witikind l'accomplit pendant quinze années d'un combat sans trève.

Pendant quinze ans, sans autres forces que les groupes épars des compagnons qui s'armaient à sa voix, il tint en échec la première armée du monde.

Pendant quinze ans, il vola de tribu en tribu, enflammant par ses paroles magiques le zèle et le courage des Saxons, rendant la foi à ceux qui doutaient, l'espérance à ceux qui désespéraient, illuminant des rayons de sa gloire chaque tronc noirci de ces forêts séculaires, et faisant sortir, à chaque pas, du vieux sol de la Germanie, des bras de fer et des cœurs de lion.

Pendant quinze ans, il se tint à cheval, ne quittant un champ de bataille que pour s'élancer sur un autre, ne disparaissant un instant aux regards de ses ennemis que pour aller chercher de nouvelles armes et reparaître plus terrible, écrasant tout à coup ceux qui se croyaient ses vainqueurs, relevant de toutes parts ceux d'entre les siens qui étaient tombés et qui s'avouaient vaincus, effaçant les plus grands revers par les plus étonnantes victoires, et montrant à tous l'idéal de la plus opiniâtre persévérance unie au plus brillant courage.

Né du plus noble sang des Saxons, il ne

voulut des droits de son berceau que le privilége de combattre au premier rang. Proclamé chef de toutes les tribus au jour du danger, il ne vit dans le pouvoir sans limites que le dévoûment sans bornes. Résumant en lui seul cette patrie qu'il était appelé à conduire, à défendre et à sauver, il en fut à toute heure et partout le bras, le cœur et la tête.

Soldat intrépide, on le voyait apparaître en même temps sur tous les points où il y avait des ennemis à combattre. Orateur autant que guerrier, de toutes parts on le voyait électriser, par la magie de sa parole, les populations, qu'il enchaînait à ses lèvres et qu'il entraînait sur ses pas. Des bords du Rhin aux rives de l'Oder, des peuplades sans nombre, fascinées par l'éclair de ce regard, par le souffle de cette voix, par le prestige de cette puissance, se levaient, marchaient, combattaient, mouraient et ressuscitaient sans cesse pour la défense de leurs foyers, de leurs forêts et de leurs dieux.

Vingt fois Charlemagne et ses plus habiles lieutenants ont été réduits à recommencer une lutte qui semblait terminée, et à livrer une bataille qu'ils croyaient gagnée. Vingt fois les fleuves de la Germanie, les ombrages de la forêt Hyrcinienne, les sommets du Teutberg et du Hartz, ont vu les armées franques déployer et renouveler leurs colonnes guerrières. Pas un flot, pas un arbre qui n'ait tressailli et retenti du cliquetis des armes.

Aujourd'hui encore l'historien ne parcourt pas sans émotion ce vaste champ de bataille, le plus illustre et le plus brillant théâtre des exploits carlovingiens. A chaque pas nous y trouvons la trace du sang de nos pères. Jamais ils n'avaient rencontré plus de périls; jamais aussi ils n'ont conquis plus de gloire. En face d'un ennemi qui ne se lassait pas de combattre, ils ne se lassèrent pas de vaincre. Mais l'indépendance des fils d'Arminius était plus forte que la victoire elle-même.

Un jour pourtant il fallut céder à la volonté du Ciel, qui avait décrété que ni la force ni l'héroïsme lui-même ne sauraient arrêter la civilisation dans sa marche.

La semence divine qui avait été déposée sur le Calvaire devait faire le tour du monde, tantôt portée dans la robe pacifique d'un pauvre moine n'ayant d'autre arme qu'une croix de bois, tantôt cachée dans le fourreau d'un glaive et confiée à la main toute-puissante d'une armée victorieuse. Tôt ou tard, dans les flancs d'un navire ou sur la croupe d'un cheval, cette semence impérissable devait être emportée à tous les bouts de l'horizon pour germer sous tous les soleils, grandir à tous les vents et fleurir chez toutes les nations.

Witikind était digne, par son courage et son génie, de se mesurer avec Charle-

2.

magne et de tenir tête à la première des nations modernes. Par l'héroïsme de son dévoûment, la sainteté de son patriotisme et l'ardeur de sa foi, il était digne peut-être de remporter la victoire. Mais Charlemagne avait le Christianisme et la Civilisation derrière lui, Witikind marchait et combattait contre eux.

Les Saxons subirent l'arrêt de la Providence ; ils s'inclinèrent devant la croix du Christ et l'épée du Franc. Witikind, sentant la main de Dieu, résolut tout à coup de cesser une lutte qui menaçait de ne plus lui laisser que des cadavres pour armée et des cendres pour patrie. Cédant enfin aux propositions de paix qui étaient venues tant de fois le chercher jusqu'au milieu des combats, il déposa les armes et vint se confier à la générosité de son vainqueur.

Charlemagne, qui connaissait le prix du courage et du patriotisme, qui savait ce que vaut un héros, et qui voulait honorer sa victoire, ne lui donna pas lieu de s'en repentir. Il tendit la main à celui qui lui rendait les armes. Dans son ennemi vaincu il ne vit plus qu'un frère, et la clémence acheva ce qu'avait commencé le glaive.

Le palais d'Attigny fut le glorieux témoin de cette scène, l'une des plus belles de l'histoire. Là se rencontrèrent et s'unirent dans une immortelle étreinte les deux géants qui s'étaient si long-temps poursuivis sur les champs de bataille. Les deux adversaires avaient disparu; il ne restait plus que deux héros qui se contemplaient avec orgueil et qui s'embrassaient avec émotion. Les vieux murs de ce palais, qui avait déjà vu tant de grands hommes et tant de merveilles se presser sous ses voûtes, durent tressaillir en voyant le nouvel Arminius s'incliner sous la main du futur César et se reconnaître solennellement le citoyen de la même patrie et le fils du même Dieu.

Charlemagne montra dans son palais, plus encore que dans le combat, qu'il était digne d'être le vainqueur de Witikind. Il eût pu en faire son prisonnier ; il aima mieux en faire son ami.

Pour immortaliser cette heure mémorable et pour en consacrer le souvenir aux yeux de tous les contemporains et de la postérité, il voulut offrir à son ennemi, devenu son hôte, le plus noble gage de paix, d'estime et d'amitié, qu'un guerrier pût donner à un guerrier : il lui donna son cheval de bataille.

Alors eut lieu cet échange sublime que l'histoire n'enregistra qu'avec émotion. En retour du coursier à la robe de neige qui avait porté la victoire d'un bout de l'Europe à l'autre, Charlemagne tint à honneur de posséder et de monter la noire cavale qui avait si long-temps et si glorieusement porté dans les combats le défenseur de la Germanie.

Après le trône qu'il avait donné au chef de la Chrétienté, le grand capitaine ne pouvait pas faire un plus noble présent que son coursier de guerre.

Ce jour-là un monde nouveau était créé. Désormais Witikind était vaincu pour toujours, ou plutôt le Barbare avait disparu, et la civilisation comptait un héros de plus. La même bannière allait couvrir désormais les guerriers des deux camps, et bientôt on allait voir se mêler et se confondre, dans leur postérité, l'esprit et le sang du soldat-néophyte et de l'apôtre-soldat.

Witikind, qui avait le cœur trop grand pour ne pas comprendre tout ce qui était magnanime, fit placer sur son bouclier encore teint du sang des batailles l'éclatante image du cheval de son vainqueur, et il transmit à ses descendants cet héritage de la reconnaissance et de la gloire.

Les Brunswick, héritiers du sang et de la patrie du héros saxon, ont conservé avec un respect jaloux le présent carlovingien, comme le premier et le plus illustre blason de l'Europe; et, d'un pôle à l'autre, sur tous les continents et sur toutes les mers, il n'est pas un peuple qui ne l'ait vu porté triomphalement par leurs armées et leurs vaisseaux. Le monde ne connaît pas de pavillon qui ait été arboré en autant de lieux, l'histoire ne connaît pas d'écusson qui compte autant de siècles que ce glorieux bouclier de Witikind; et aujourd'hui encore cet immortel coursier, après avoir brillé pendant mille ans sur tous les champs de bataille et sur tous les trônes, règne dans les deux mondes, et n'a pas cessé de garder avec amour et fierté le vieux sol des Saxons, les ombrages de leur berceau et les eaux de leur baptême.

Fidèle à sa noble origine, le cheval de Charlemagne, en changeant de main, n'a pas changé de rôle : il est resté à l'avant-garde de la civilisation.

Il s'est trouvé à la vérité des historiens et des hommes d'état qui depuis ont jugé dans leur sagesse que c'était, de la part du César chrétien, beaucoup de générosité et de courtoisie envers un Barbare.

Charlemagne pouvait, il est vrai, écraser son ennemi sous ses pieds, au lieu de lui tendre la main d'un ami. Il pouvait, au lieu de lui donner son cheval de bataille, lui donner des fers. Au lieu d'honorer le palais des rois francs par une magnanime hospitalité, il pouvait le transformer en prison.

Mais au lieu d'accélérer, d'étendre et de faire bénir le règne du Christianisme, de la Civilisation et de la France, il eût fait maudire jusqu'à leur nom. Au lieu de rendre frères par tous les liens sociaux et religieux deux peuples qui devaient marcher unis dans les voies de l'avenir, il eût fait deux races irréconciliables qui se fussent transmis la haine avec le sang de génération en génération. Si le chef des Francs eût abusé de la noble confiance de son ennemi, il eût menti à sa mission et à celle de son peuple : il n'eût plus été qu'un Barbare, au lieu d'être un chevalier et un apôtre.

L'histoire, au contraire, n'a pas tardé à nous montrer les fruits abondants et merveilleux que le grand empereur et la grande nation ont recueillis d'une conduite magnanime.

Witikind, sorti libre et chrétien du palais d'Attigny, avait repris avec bonheur le chemin de sa patrie. Fidèle à sa parole, il resta jusqu'à sa mort l'ami le plus dévoué des Francs, et, loin d'abuser de sa puissance et de sa liberté, il s'en servit pour faire bénir parmi les Saxons la main de leurs vainqueurs. On vit dès lors le guerrier qui s'était immortalisé sur le champ de bataille sanctifier par la religion et la paix la seconde part de sa vie, et, pendant les vingt-deux années qu'il eut encore à parcourir, il ne se passa pas un seul jour qui ne le trouvât digne de l'amitié de Charlemagne. Désormais éclairé sur les bienfaits du christianisme et de la civilisation, il mit autant de constance à les servir qu'il en avait mis à les combattre, et il emporta intact dans la tombe le serment d'Attigny.

Sur cette héroïque tombe, Francs et Saxons se tendaient la main avec émotion, et, confondus au pied de la croix, les vainqueurs et les vaincus étaient devenus égaux. La sauvage Germanie s'apprêtait à devenir le glorieux Saint-Empire. De pieux évêques posaient leurs siéges pacifiques à l'ombre de ces chênes séculaires, qui n'avaient jamais vu que de sanguinaires autels, des troupeaux, des combats et des camps. Les villes, les basiliques, les arts, toutes les merveilles de la civilisation et du christianisme, allaient couvrir et féconder la vieille terre des Teutons.

Les armées franques pouvaient se retirer; leur mission était accomplie : elles avaient trouvé des barbares et des ennemis, elles laissaient des citoyens et des frères.

D'autres armées avaient tenté d'accomplir avant elles cette grande œuvre ; les armées romaines avaient, elles aussi, voulu se mesurer avec l'indépendance du Germain. Ni le nombre, ni le courage, ni la gloire, ne faisaient défaut à ces fiers conquérants, qui ne voulaient d'autres limites à leur empire que les limites de la terre. Et pourtant ils vinrent se briser contre le tronc de fer du vieux chêne germanique. Les uns trouvèrent leur tombe sur ce sol qu'ils regardaient déjà comme leur conquête ; les autres s'enfuirent, ne laissant derrière eux que du sang et des ruines.

C'est qu'il manquait aux soldats de Tibère ce qui donna la victoire à ceux de Charlemagne. C'étaient des gladiateurs, mais non des chevaliers. Ils versaient bien le sang autour d'eux, mais ils ne répandaient pas sur leurs pas la sève de l'avenir. Désespérant de pouvoir vaincre Arminius, le Witikind de cette lutte héroïque,... ils le firent empoisonner !

Ce fut là leur plus grand, leur dernier triomphe. Le lendemain, les Germains élevaient aux mânes du héros, du martyr de leur liberté, l'Irmensaül, ce monument de la reconnaissance et de la vengeance qui devait transmettre et raviver de siècle en siècle le fanatisme de la nationalité germaine et l'exécration du nom romain. Sur cette pierre se prononcèrent tous les serments et s'aiguisèrent tous les glaives qui pendant sept cents ans firent des fils d'Arminius des lions toujours armés et prêts à tout immoler à leur sauvage indépendance, et c'est du pied de cette colonne sanglante que partirent les coups qui devaient pulvériser le trône des Césars.

Charlemagne se garda d'imiter, dans sa

lutte avec le nouvel Arminius, les stériles violences du paganisme romain; aussi remporta-t-il une double victoire, et, malgré son triomphe, il ne vit jamais se dresser contre lui, sur le sol ou dans le cœur du peuple vaincu, un de ces souvenirs de haine et de malheur qui finissent tôt ou tard par briser les plus fortes épées et les plus belles couronnes.

Le merveilleux témoignage de son double triomphe n'est-il pas là sous nos yeux? N'a-t-il pas gardé, après dix siècles, l'éloquence du premier jour? — Le vainqueur de Witikind pouvait pulvériser et faire disparaître à jamais la colonne redoutable, idole et *palladium* de l'indépendance saxonne. Un triomphateur vulgaire l'eût fait. Le monarque chrétien fut plus habile et plus généreux : il releva l'idole abattue dans l'ardeur du combat, et, au lieu de la briser... il la fit chrétienne! Une basilique s'éleva pour l'abriter sous ses voûtes sacrées, l'autel du Dieu vivant la prit pour témoin de ses augustes mystères, les flots de l'encens l'entourèrent d'une sainte auréole; et, quand Charlemagne eut ainsi honoré, désarmé et sanctifié la colonne d'Arminius, il la confia à la garde des fils de Witikind.

Tout le génie, toute la gloire du grand empereur est là.

C'est ainsi que l'on conquiert le monde et que l'on commande à la postérité.

Les siècles n'ont point effacé cette auguste alliance de deux races personnifiées dans leurs chefs. Malgré les rivalités passagères qui sont partout inséparables de l'humanité, malgré les orageux nuages qui un jour ou l'autre assombrissent tous les horizons, le glorieux héritage de cette généreuse amitié s'est conservé jusque aujourd'hui. Les deux héros sont unis dans le respect et l'admiration des peuples comme ils l'étaient dans le baiser d'Attigny. La mémoire de Charlemagne est aussi vivante et vénérée dans les forêts de la Saxe que sur les bords de la Seine. L'Allemagne a conservé ses reliques, sa couronne, son sceptre et son épée, et elle s'en montre aussi fière et aussi jalouse que la France est fière et jalouse des dépouilles et des lauriers de Napoléon. Tant que subsista la dynastie carlovingienne, le peuple germain voulut être gouverné par elle. Quand elle eut disparu, il appela au trône la race de Witikind, heureux d'y retrouver réuni le sang des deux rivaux bien-aimés. Le peuple franc, à son tour, salua avec bonheur dans la troisième race de ses rois le sang de Witikind : il n'en voyait pas qui fût plus digne de succéder à celui de Charlemagne. Dans toute l'Europe, peuples et rois recherchèrent de siècle en siècle cette glorieuse descendance ; toutes les races royales se disputent depuis mille ans l'insigne faveur de placer l'un de ces deux noms au sommet de la longue série de leurs ancêtres, et après le rare honneur d'être le fils de Charlemagne, elles n'en connaissent pas de plus grand que celui d'être le fils de Witikind. Pour le sceptre comme pour l'épée, c'est là le dernier terme de la noblesse et de la gloire.

Sous cette admiration unanime et dix fois séculaires, il y a une profonde pensée et un instinct sublime : c'est l'honneur des nations d'honorer partout et toujours l'héroïsme et la magnanimité, de n'oublier ni les exploits ni les bienfaits, et d'entourer d'un pieux respect les grands noms de leur histoire et les parrains de leur berceau.

Charlemagne et Adrien Ier, en faisant alliance sur les marches du Vatican, avaient scellé, par une charte immortelle, l'union des âmes dans l'unité de la religion.

Charlemagne et Witikind, en s'embrassant sur le seuil du palais d'Attigny, ont scellé, sur le verso de la même charte, l'union des races dans l'unité de la civilisation.

IV.

LE NOUVEAU WITIKIND.

Mille ans après la mort de Charlemagne, la France était en armes pour une lutte qui allait rappeler et renouveler toutes les phases et tous les prodiges de la guerre des Saxons. Elle avait posé son pied vainqueur sur le sol de l'Afrique, et elle s'apprêtait, l'épée d'une main et la civilisation de l'autre, à y désarmer pour toujours ces terribles fils de Mahomet que Charles Martel avait arrêtés dans les plaines de Tours, que Philippe-Auguste et saint Louis avaient combattus dans les croisades, et que Napoléon avait un jour éblouis du haut des pyramides. Les plus brillants trophées avaient marqué les premiers pas des Français sur cette terre des grands souvenirs. La patrie d'Annibal et de Jugurtha semblait ouvrir de toutes parts aux nouveaux croisés ses horizons sans bornes et ses merveilles sans nombre. Alger venait d'arborer sur ses remparts pulvérisés l'étendard des chrétiens. Dès le premier combat, les jeunes conquérants avaient dépassé leurs pères. Rien ne paraissait devoir résister à tant de puissance et à tant de courage. En face de ces tribus dispersées, la France, semblait-il, n'avait qu'à se montrer pour vaincre.

Mais tout à coup, du sein d'une de ces tribus, un homme se leva, et, au nom de tous ses frères, au nom de sa religion et de sa patrie en péril, il résolut d'entrer en lice avec l'armée française, et de faire reculer les soldats de Bouvines et d'Austerlitz.

Ce nouveau Witikind s'appelait Abd-el-Kader.

Sans autres ressources que son génie, son patriotisme et sa foi, il s'élança à vingt-cinq ans sur le champ de bataille, et pendant quinze ans il y resta debout, luttant, à l'admiration du monde entier, contre les victorieux efforts de la civilisation et de la France.

Comme Witikind, il était né d'un sang illustre et vénéré entre tous; mais, comme lui, il ne vit dans cette faveur du Ciel que de plus grands devoirs et une plus impérieuse mission; comme lui, il se servit de l'amour et de la vénération des peuples pour défendre avec une héroïque audace et une constance miraculeuse leur nationalité et leur indépendance; comme lui, il effaça ses ancêtres par ses exploits, et sa naissance, si royale qu'elle était, s'est éclipsée dans la splendeur de son illustration personnelle.

Comme Witikind, il a été proclamé chef de toute sa nation expirante ; comme lui, il a eu pour trône la selle de son cheval, et, pendant plus de quinze ans, n'apparaissant qu'au milieu du glorieux cercle d'éclairs que décrivait son glaive, il entoura ce trône d'une auréole qu'on ne trouve pas toujours dans le palais des rois.

Comme Witikind, il puisa dans la religion toute sa force et toute sa gloire ; c'est autour de l'autel de leurs pères qu'il convoqua toutes les tribus pour repousser la domination des chrétiens ; l'étendard de la foi fut la première et la plus puissante de ses armes, et c'est à elle que jusqu'au dernier jour il n'a cessé de demander la victoire.

Comme Witikind, il se servit de la parole avec autant d'éclat et de succès que du glaive ; son éloquence gagnait des batailles pendant que son courage triomphait des revers ; et la magique puissance de ses lèvres décuplait la force infatigable de son bras.

Résumant et personnifiant en lui toute la nationalité des Arabes, comme Witikind résumait et personnifiait en lui toute la nationalité des Saxons, il en porta jusqu'au bout, avec une énergie surhumaine, le majestueux et terrible fardeau.

Dans cette lutte acharnée, Abd-el-Kader vit s'élever contre lui, ou plutôt il enfanta par son héroïque résistance l'une des plus belles générations militaires dont s'honore la France. Il eut en face de lui, pendant plus de quinze ans, des noms que Napoléon eut trouvés dignes de figurer parmi les plus illustres de son camp. Il vit les fils des braves qui avaient été à Marengo et à Moscou, écrire avec leur sang et celui des siens des pages que l'histoire devait placer à côté des fastes de l'empire. Il fit réaliser par l'armée qu'il combattait un prodige qu'on eût cru à jamais impossible : il sut, après l'empereur, accroître encore la gloire des armes françaises.

Quatre princes du sang royal de France ont croisé leur épée avec cet invincible yatagan qui brillait sans cesse aux regards éblouis comme le soleil du désert. Un cinquième, du haut de ses vaisseaux, a pointé les canons de Duguay-Trouin et de Jean-Bart contre celui que cent mille hommes, foulant le sol de sa patrie du fer de leurs chevaux et du fer de leurs armes, cernaient victorieusement de toutes parts et enfermaient dans un cercle de feu. Debout sur ses étriers, le fils du Prophète a continué de lutter ; il a passé invulnérable à travers le fer et la flamme, et, gardant son éclatante auréole jusqu'au sein de ses revers, il illustrait d'un reflet de sa gloire les petits-fils de Louis XIV.

Dix maréchaux de France ont déployé contre lui ou leur vieille expérience ou leur verte bravoure. Seize ministres de la guerre se sont mesurés avec lui, soit du fond de leur cabinet, soit au sein de la mitraille.

Quatre-vingts généraux l'ont combattu, et lui doivent, les uns leurs éperons, et les autres leur gloire. Pendant quinze ans, il a vu briller à ses regards, sur le champ de bataille, et les vieilles épées qui s'étaient essayées sur les pas de Napoléon I*er*, et les jeunes épées qui entourent le trône de Napoléon III. Les guerriers illustres à qui la société doit aujourd'hui la vie, et qui ont sauvé l'Europe en luttant corps à corps avec la barbarie la plus sauvage et l'anarchie la plus formidable qu'ait vues l'histoire, avaient appris à vaincre en suivant pas à pas dans sa fougueuse allure le jeune et brillant sultan des Arabes.

Tantôt entouré de tribus divisées ou hostiles, tantôt seul avec quelques cavaliers affamés, Abd-el-Kader est parvenu, à force de constance et d'audace, à prolonger pendant presque un quart de siècle ce gigantesque et terrible tournois. Tour à tour vainqueur et vaincu, parfois trahi, souvent isolé, cerné, épuisé, manquant de tout, il ne s'est pas démenti un seul jour, et la fortune n'a jamais pu, jusqu'au moment suprême, triompher un instant de ce cœur de lion.

Tant qu'il lui resta une poignée de braves, il fut grand capitaine; tant qu'il lui resta un cheval, il fut roi.

Un jour pourtant, l'heure marquée par la Providence sonna pour lui comme pour Witikind. Il ne fut pas terrassé, il ne fut pas mis hors de combat, il ne fut pas pris sur le champ de bataille; comme Witikind, il sentit que l'avenir était au christianisme et à la civilisation, et il s'inclina devant la France, leur glorieux missionnaire.

Il comprit que toute résistance était désormais, sinon impossible, du moins stérile; que la bravoure la plus héroïque ne serait plus qu'une brillante folie, et que sa mission était terminée sans retour. Il ne tenta pas de résister plus long-temps à la volonté du Ciel, et, sur l'heure même, avec cette noblesse et cette résignation qui donnent encore aux revers la majesté de la victoire, il vint, sur la foi de la parole française, se confier à la loyauté de son ennemi.

L'Europe crut qu'elle allait voir se renouveler la touchante et noble scène du palais d'Attigny. Abd-el-Kader, dès le premier pas, donnait l'exemple et montrait le chemin. D'avance et d'instinct, il en avait saisi le beau rôle. Comme Witikind, il venait, dans un élan spontané, de donner à son vainqueur la noire cavale qui avait porté si long-temps et si glorieusement la fortune et la nationalité de tout un peuple. Mais, hélas ! Charlemagne n'était plus sur le trône de France.

Il ne se trouva personne pour rendre à

Abd-el-Kader un cheval d'honneur en échange de son cheval de bataille. Il se trouva seulement des gendarmes pour le jeter en prison et pour apprendre à ce chef des *infidèles* et des *barbares* ce que c'est que la parole d'un peuple civilisé et la générosité d'un peuple chrétien.

Le Ciel se chargea de venger l'honneur de la France. Une tempête s'éleva soudain, et balaya d'un coup de vent, avec leurs cauteleuses subtilités, leur tactique oratoire et leur habileté diplomatique, ces superbes triomphateurs. L'anarchie leur succéda, et, comme ce règne de la violence sous le nom de liberté n'est guère fécond en actes magnanimes, le noble captif garda ses fers, que nul n'était assez fort pour briser.

Mais le temps d'épreuves devait bientôt finir pour la France et pour Abd-el-Kader. La main qui allait délivrer l'un et l'autre apparaissait à l'horizon.

Soudain le nom de Napoléon domine de nouveau le siècle étonné ; celui qui le porte ne fléchit pas sous le poids des cent victoires qu'il rappelle, et remporte à son tour en une heure une victoire qui sauve la civilisation et change la face de l'Europe.

Cette fois le vainqueur était digne de l'être : il se souvint que la clémence est la vertu des forts, et, le lendemain de son triomphe, au milieu des labeurs et des périls de l'enfantement d'une ère nouvelle, sa pensée vola vers celui qui regrettait, au fond d'un donjon, d'avoir cru à la loyauté de la France.

Il comprit que pour régénérer l'avenir il fallait réparer les fautes du passé, et n'accepter l'héritage de ses prédécesseurs que pour le purifier de ses souillures. Il savait qu'un homme n'est jamais grand s'il laisse entamer son honneur, et que, pour garder ou reconquérir sa propre estime et celle des autres, la première condition, c'est l'inviolable respect de la parole donnée. Or les nations sont comme les hommes : leurs devoirs ne sont pas moins sacrés que leurs droits.

Jaloux avant tout de l'honneur de son pays, le prince qui venait de recevoir la garde de ses destinées voulut prendre aussi la solidarité de ses obligations, et, ne connaissant ni obstacles ni excuses en face de la foi jurée, il courut à Amboise dégager la parole de la France.

Le royal château, qui gémissait de servir de prison au héros vaincu, sentit tout à coup ses nobles murailles tressaillir. La scène d'Attigny allait se renouveler dans son sein ; la gloire du vieux palais carlovingien venait illuminer ses sombres tours. Celui qu'un peuple entier portait au trône de Charlemagne venait d'interrompre soudain sa marche triomphale, et, avant d'arriver au terme où l'attendait la première couronne du monde, il avait détourné ses pas pour franchir le seuil du manoir habité par la douleur et l'éxil.

Louis-Napoléon, qui ne voulait pas que la terre sur laquelle avaient régné Charlemagne, saint Louis, le roi Jean et François I*er*, fût, à son avénement au trône très chrétien, chargée du poids d'une injuste captivité, tendit la main au noble et malheureux Émir, et, lui déclarant qu'il était libre, il proclama à la face de l'Europe que *la générosité est toujours la meilleure conseillère.*

Abd-el-Kader, vaincu par cette parole mieux qu'il ne l'avait été par cent mille hommes et par quinze ans de guerre, baisa la main de son libérateur, lui jurant, et jurant à la France, inviolable amitié et fidélité éternelle.

L'héritier du captif de Sainte-Hélène, en rendant la liberté au captif d'Amboise, venait de sauver l'honneur du peuple franc et d'épargner à ses annales la tache qui souillera à jamais l'une des plus mémorables époques de l'Angleterre. Ce jour-là une date glorieuse s'inscrivait dans l'histoire. Cet acte de justice et de clémence valait mieux qu'une bataille gagnée; le nom d'Amboise prenait rang désormais à côté du nom de nos plus belles victoires : car celui qui venait d'entrer, la liberté à la main, dans les murs de cette féodale demeure, venait de se montrer aussi fort, aussi grand peut-être, que celui qui était entré, l'épée à la main, dans les murs de Vienne et de Moscou.

Mais ce n'était point encore assez. L'auguste libérateur résolut d'effacer par une hospitalité splendide l'amer souvenir de la captivité. Abd-el-Kader avait donné à un prince français, en face de l'armée française, cette noire et célèbre cavale, premier témoin de sa gloire et dernier emblème de sa puissance. Le futur empereur voulut qu'il reparût en face de cette noble armée monté sur un cheval d'honneur, et il s'empressa de lui en offrir un dont la robe d'argent était sans tache et la noblesse sans reproche.

Quel tableau! quel souvenir! Ici, devant le palais de Louis XIV, le héros arabe montant, en échange de sa noire cavale, le blanc coursier de Napoléon; là, devant le palais d'Attigny, le héros saxon montant, en échange de sa noire cavale, le blanc coursier de Charlemagne. L'imagination n'eût pas osé inventer un semblable parallèle : il était réservé à l'histoire de le réaliser.

La courtoisie de l'hospitalité se manifesta par un dernier présent, digne à la fois d'un prince et d'un chevalier. Abd-el-Kader, en signe de paix, avait offert à la France son sabre de guerre; Napoléon, en signe d'amitié, lui donna, au nom de la France, un sabre d'honneur.

Et maintenant qui oserait croire que, si

ce sabre sort jamais du fourreau, ce soit pour frapper d'autres ennemis que les ennemis de la France? Si, comme Witikind, Abd-el-Kader avait un bouclier sur lequel il pût graver pour la postérité un immortel souvenir de sa gloire, n'est-il pas permis de croire que, comme Witikind, il y ferait revivre le royal coursier sur lequel il lui fut donné de parcourir un jour les rangs hospitaliers de ses ennemis, devenus ses frères?

Mais si ce noble souvenir n'apparaît pas sur un écu de guerre, il est gravé en traits de feu dans le cœur de l'Émir, et il revivra de siècle en siècle dans le cœur de tous ses descendants. L'Arabe à la longue mémoire l'emportera dans sa tente, et des mosquées de Brousse aux palais de Fez, des portes de la Mecque aux plaines du Zahara, on proclamera les bienfaits de la magnanimité française.

Le Ciel a permis qu'un immense et solennel événement vint couronner ce grand acte de clémence, et donner dès le lendemain à l'hôte héroïque de la France une incomparable occasion de faire éclater sa reconnaissance et son dévoûment. La nation tout entière était appelée à relever par la main de ses enfants le trône de Charlemagne et de Napoléon. Le Sultan des Arabes réclama, comme un honneur, le titre de *citoyen français*, et il voulut que sa main et celle de ses compagnons, unies dans l'urne à la main de huit millions de Français, prissent une part active et fraternelle à la réédification de l'empire.

Les annales du monde ne sont pas prodigues de pareils spectacles. Pendant huit siècles, le César germanique s'honora de compter des rois parmi les électeurs du Saint-Empire; mais Charlemagne lui-même dans toute sa gloire n'eut pas Witikind pour électeur.

Par cet acte inouï Abd-el-Kader a donné la mesure des sentiments que la clémence française avait fait naître dans le cœur des Arabes, et que le temps ne fera qu'accroître et féconder.

Si l'Émir eût vu sa captivité se prolonger et devenir définitive, si, pour le malheur de la France, il fût mort dans les fers, la parole française eût perdu son antique prestige, le vieil honneur des croisés eût été emporté par le simoun du désert, la malédiction de tout un peuple nous eût tôt ou tard atteints, et, depuis l'enfant à la mamelle jusqu'au vieillard à demi dans la tombe, il n'est pas un burnous africain qui n'eût couvé le levain de la révolte et de la vengeance.

Le jour, au contraire, où Abd-el-Kader a été rendu à la liberté, le jour où il est devenu notre hôte, le jour où il a juré de n'être jamais notre ennemi, le jour où il a demandé à être notre concitoyen, où il s'est déclaré fier d'être notre ami et nous a appelés du nom sacré de frère, ce jour-là l'Algérie est devenue vraiment et à jamais une terre française.

Trois grandes phases ont signalé et consacré cette conquête civilisatrice. Le sang de nos soldats et la gloire de nos armes ont été notre premier titre de possession. La soumission volontaire et solennelle d'Abd-el-Kader a été le second. La généreuse décision de celui qui avait à cette heure entre ses mains le sort des vainqueurs et le sort des vaincus est le troisième, le plus grand et le dernier.

Désormais la France et la civilisation ont, des portes de Tunis aux portes de Maroc, un immense et légitime domaine qui n'attendait que leur main créatrice pour produire des fruits merveilleux. Les moissons et les bienfaits vont couvrir à chaque pas cette terre si pleine de souvenirs et si riche d'espérances. Les tombeaux de saint Augustin et de saint Louis, déjà consolés d'un profane abandon, se réjouissent de voir refleurir autour d'eux les germes féconds de ces grandes vertus dont ils ont reçu le dépôt et dont ils sont restés l'emblème. Le génie de la France s'est assis à ce vaste foyer, non plus pour le troubler, mais pour le transformer et l'ennoblir; il va courir dans les veines de ce peuple nouveau, rapide comme le feu du ciel; il va couler à pleins bords dans les fleuves de cette nouvelle patrie, fertilisateur comme les eaux du Nil. Voyez-vous déjà les arts de la paix succéder chaque jour aux désastres de la guerre! les villes s'élever de toute part à la place des camps! les sciences et leurs lumières, les lettres et leurs splendeurs, tous les prodiges de l'esprit humain et toutes les merveilles du Christianisme traverser la Méditerranée et illuminer les flancs étonnés de l'Atlas! Le désert recule au souffle de la civilisation, et l'Algérie, qui s'étend aujourd'hui des côtes de la Sicile à celles de l'Espagne, l'Algérie, qui, hier encore, n'était qu'une conquête et un camp, va devenir demain un royaume français.

Celui qui a commencé sa carrière comme Witikind l'achèvera comme Witikind. Fidèle à son serment, fidèle à la France et au grand nom de Napoléon, il honorera par l'étude et la religion la seconde part de sa vie, après en avoir illustré la première par la puissance et la guerre. Désormais éclairé sur le rôle et les bienfaits de la civilisation chrétienne, loin de songer à combattre encore par les armes l'œuvre de la France en Afrique, il l'accompagne de ses vœux. Il n'a pas oublié l'effroyable anarchie qui régnait parmi toutes les tribus au moment où sa main vigoureuse, saisissant les rênes du pouvoir avec celles de son cheval, dut s'armer à la fois contre la révolte et contre l'invasion. Il sait qu'aujourd'hui la main de la France est seule assez forte pour faire régner l'ordre et la prospérité parmi ces peuplades rivales, et que, le jour où cette main se retirerait, ce serait pour sa patrie désolée l'avènement du chaos.

L'élévation de son génie, autant que la noblesse de son cœur, nous répond de sa parole. Les parjures et les traîtres n'ont pas l'allure et la taille des héros.

Abd-el-Kader sait la place qu'il doit occuper dans l'histoire, et ce n'est pas pour quelque impossible et chimérique dessein qu'il irait la compromettre. Qui oserait penser qu'il descende jamais du piédestal de sa gloire pour le seul plaisir de se mettre dans la boue ?

Nul ne sait mieux que lui que la résignation est la vertu des grandes âmes, et que la religion est la première des patries.

Nous l'avons vu dans la captivité après l'avoir vu sur le champ de bataille : il a puisé ses consolations là où il avait puisé ses forces, et il nous a déjà montré, ce qu'il nous montrera toute sa vie, que c'est le cœur, et non le glaive, qui fait le grand homme, et que la véritable grandeur ne vient pas de la terre, mais de plus haut.

Se soumettre noblement aux décrets de la Providence, après avoir héroïquement rempli sa mission et son devoir, ce n'est pas être vaincu, c'est remporter la plus difficile et la plus belle de toutes les victoires.

V.

NAPOLÉON III.

Il y avait au douzième siècle dans le palais des rois de France un jeune prince qui parlait rarement et qui méditait sans cesse, et un jour qu'on lui demandait à quoi il songeait pendant ses longues et silencieuses rêveries, il répondit : « Je cherche comment on pourrait rendre à la France l'éclat qu'elle avait sous Charlemagne. »

Ce prince, c'était Philippe-Auguste, le futur vainqueur de Bouvines, le précurseur et l'aïeul de saint Louis. Véritable fondateur de la dynastie capétienne, portant encore au front le signe de l'élection, s'en glorifiant sans crainte, et offrant noblement en un jour solennel sa couronne au plus digne, il eut, par son courage et son génie, l'honneur de fixer définitivement dans sa race le trône, moitié héréditaire et moitié électif, qu'il avait paré des rayons de sa gloire.

Achevant et consacrant l'œuvre que Hugues Capet n'avait eu que le temps d'ébaucher, il sut triompher et des ennemis du dehors et des ennemis du dedans, et il as-

---

[1] Jusqu'à Philippe-Auguste, les rois capétiens furent obligés de faire reconnaître et confirmer par la nation leur successeur. Philippe-Auguste, qui avait reçu cette consécration populaire, et qui avait encore offert sa couronne sur le champ de bataille de Bouvines, est le premier qui transmit le trône à son fils par droit d'hérédité absolue.

sura tout à la fois de larges frontières à sa patrie et de longs siècles à sa dynastie.

Philippe-Auguste n'eut pas à se repentir d'avoir médité sur Charlemagne.

Il y a quelques années, un jeune prince, consacrant à de hautes études et à d'austères méditations les loisirs de l'exil, réunissait en silence les éléments d'un vaste travail sur quelque grande page des annales de son pays, et quand on voulut savoir du royal historien quel était le but de ses recherches, il se trouva que c'était la grande œuvre et la grande figure de Charlemagne.

Or le proscrit qui, avide de respirer du moins dans le passé l'air défendu de la patrie, oubliait ainsi les belles vallées de la Suisse et les belles années de la jeunesse pour interroger le géant carlovingien et se nourrir de son génie, est aujourd'hui sur le premier trône du monde et il s'appelle Napoléon III.

Cette glorieuse semence n'aura pas été stérile dans un cœur capable de l'apprécier et digne de la recevoir. L'aurore du règne qui s'ouvre le promet à la France.

Cette politique généreuse et magnanime qui a rendu à Pie IX son trône, à Abd-el-Kader sa liberté, c'est la politique des grandes époques et des grandes nations, c'est la vraie politique française. C'est elle qui a fait la gloire de l'épopée carlovingienne, c'est elle qui a élevé si haut la France dans l'estime de tous les peuples et de ses ennemis eux-mêmes; c'est elle qui allait à travers les mers frapper d'admiration le kalife Aroun-al-Reschid, et lui inspirait d'offrir à Charlemagne les clés de Jérusalem ; c'est elle qui, portée à son apogée par saint Louis, l'entoura d'une telle auréole que, captif des Musulmans, il vit leurs Emirs eux-mêmes venir lui proposer de quitter sa prison pour monter sur leur trône.

A ces actes jusque alors inouïs dans l'histoire, à ces offres incomparables, le plus beau, le plus étonnant, le plus spontané de tous les hommages, on peut mesurer quel degré de respect et d'honneur le nom franc avait conquis dans les plus lointaines contrées et dans le cœur des plus fougueux disciples de Mahomet.

Cette noble et grande politique n'est jamais morte en France; elle s'est perpétuée à travers les siècles; elle éclate à chaque page de nos annales, on la retrouve jusque dans nos revers, et, non contente de les ennoblir, elle sait encore les réparer en préparant les victoires du lendemain.

Il la connaissait, ce roi Jean qui mettait sa parole au dessus de tout, au dessus de son trône, au dessus de sa liberté, au dessus de sa vie même, et qui, héroïque dans le combat, sublime dans la captivité, alla mourir à Londres victime de son honneur et de l'honneur de la France, laissant pour testament à ses fils et à ses successeurs ces immortelles paroles : « Si la bonne foi était exilée de la terre, elle devrait trouver un asile dans le cœur des rois ! »

Sa magnanimité ne fut ni fatale ni stérile pour son royaume : le lendemain de sa mort, son fils retrouvait la victoire sur sa tombe, et, quelques années plus tard, pour sauver son petit-fils et la France, son ombre enfantait Jeanne-d'Arc.

François Ier ne la pratiquait-il pas aussi, cette grande politique, quand, à peine sorti des prisons de Charles-Quint, il refusait de faire prisonnier le tout-puissant empereur, qui, au moment de reprendre les armes, traversait, sur la foi de l'hospitalité, le royaume très chrétien ? Le trone et la nation furent-ils en péril parce que le roi dédaigna une occasion perfide d'enchaîner le plus redoutable de ses ennemis ? Le lendemain, au lieu d'un guet-apens, les annales françaises enregistraient une victoire.

Cérisoles était la récompense du monarque gentilhomme. Bientôt c'étaient les murs de Metz qui voyaient nos armes triompher encore une fois de Charles-Quint. Puis Henri IV et Louis XIV parurent, et le sang de François I*er*, le sang royal de France, alla jusqu'à Madrid et à Naples occuper les trônes du vainqueur de Pavie.

La France n'a jamais eu besoin de se déshonorer pour régner. Si elle a subi des éclipses, elles ont été courtes et rares, et elle s'est toujours hâtée d'en effacer la trace et jusqu'au souvenir par l'éclat d'une splendeur nouvelle.

Le triste règne du parlementarisme qui, par surprise, s'est emparé du pays sans le consulter, qui, jusques à hier, l'a comprimé, énervé et humilié, a seul pu détourner la France, pendant presque un quart de siècle, de sa droite et large voie pour la fourvoyer dans les sentiers tortueux d'une politique anti-nationale.

Il fallait qu'elle fût aux mains d'un pouvoir sans racine et sans consécration pour que l'on pût voir une seule fois la noble nation franque se montrer, dans ses chefs, humble et servile envers les puissants et les forts, inhospitalière et impitoyable envers les proscrits et les vaincus.

Le gouvernement qui, au mépris de la parole d'un général, de l'honneur d'un prince du sang et de la gloire d'une armée entière, n'a pas hésité à mettre la main sur Abd-el-Kader et à le jeter en prison, n'avait pas rougi la veille de porter la main sur la personne et la fortune d'un prince détrôné qu'il avait attiré lui-même sur le sol français par les offres perfides d'une royale hospitalité, d'un prince dans les états duquel le roi de France exilé avait trouvé naguère un asile que lui refusait le reste de l'Europe.

Si l'on vit échouer honteusement cette odieuse tentative d'un pouvoir qui sacrifiait sans remords l'honneur et la dignité de la France aux injurieuses prétentions des puissances étrangères, le jeune souverain ne le dut qu'à sa courageuse énergie et à la conscience nationale qui se souleva pour le défendre.

Le chef de la Maison de Brunswick — car c'était lui — sortit de la lutte triomphant et indigné, et se hâta de chercher ailleurs une terre qui ne refusât pas l'hospitalité au petit-fils de Witikind et au cheval de Charlemagne. Mais, en mettant le pied sur le vaisseau qui l'emportait loin des côtes françaises, il prédit la chute du pouvoir auquel il laissait, en s'éloignant, la double honte de la défaite et de la trahison, et il alla attendre au-delà des flots le prince qui devait bientôt relever tout à la fois et l'empire et l'honneur de la France.

Aujourd'hui tous ces tristes souvenirs sont effacés; le vieux peuple franc a retrouvé sa force avec sa dignité; et, le jour où la couronne de Charlemagne reparaissait aux regards étonnés de l'Europe, celui qui la recevait des mains de huit millions de Français put voir réunis autour de son trône par une merveilleuse et sublime attraction, vengés tous deux par lui d'une lâche injustice, couverts tous deux de son hospitalière protection, d'un côté, le petit-fils, et, de l'autre, le frère de Witikind.

Le prince Louis-Napoléon avait ressuscité la politique de Charlemagne avant que Napoléon III en ressuscitât le titre.

Lorsque, le 2 décembre, le nouvel empereur entrait triomphalement au palais des Tuileries, il s'avança vers Abd-el-Kader et lui dit avec une grâce charmante et une sagesse profonde : Votre vote m'a porté bonheur !

Si une réponse plus sublime n'eût volé du cœur de l'Emir à ses lèvres, il eût pu répondre : Sire, c'est votre magnanimité qui vous a porté bonheur, et elle portera bonheur à la France !

Mais si l'héroïque guerrier aima mieux offrir son sang que de dire ce que chacun pensait ou devinait sans peine, l'histoire un jour le dira pour lui.

Deuxième Partie

ABD-EL-KADER

ABD-EL-KADER

I

NAISSANCE ET MISSION D'ABD-EL-KADER.

L'homme qui devait avoir une si dramatique existence et remplir le monde de son nom naquit dans la tribu des Hachem, au sein de la paisible et poétique plaine d'Eghris, à quatre lieues de Mascara, dans la province d'Oran.

Son père, Sidi (Monseigneur) Mahhi-ed-Din (protecteur de la religion), un des plus célèbres marabouts de toute l'Afrique, s'honorant du titre de *Chérif* (descendant du Prophète), était issu du plus noble et du plus vieux sang arabe, et les princes ses ancêtres avaient régné long-temps sur ces belles contrées.

Mahhi-ed-Din était vénéré jusque dans les plus lointaines tribus pour sa piété, sa justice, sa science, son autorité, sa bienfaisance et son hospitalité. Ses lumières et ses richesses étaient au service de tous, et, des bords de la mer aux limites du désert, on accourait en foule vers la *Guatna* (tente d'honneur) de l'illustre et bien-aimé marabout des Hachem.

Il avait pour femme Lella (madame) Zohra-bent-Sidi-Omar-ben-Douba, aussi remarquable par les facultés de l'esprit que par les qualités du cœur. Seule femme lettrée peut-être de tout le pays, elle en était sous tous les rapports la plus éminente. Dire qu'elle était digne de la tendre vénération qui devait l'entourer et l'honorer à toutes les heures de sa vie, n'est-ce pas renfermer dans un mot le plus beau de tous les éloges?

C'est en 1222 de l'Hégire (1807)[1] que naquit de Sidi Mahhi-ed-Din et de Lella Zohra l'enfant qui reçut le nom d'Abd-el-Kader (serviteur du Tout-Puissant). Sa naissance fut célébrée par des fêtes splendides, et il sembla aux Arabes qu'à des paroles mémorables et à des circonstances frappantes qui marquèrent ce berceau d'un signe spécial, on dût avoir quelque pressentiment de l'avenir.

Mahhi-ed-Din se chargea de commencer l'éducation de ce fils, objet de sa vive prédilection; le savant Kadi d'Arzew fut chargé plus tard de l'initier rapidement à pres-

---

[1] La question de l'âge d'Abd-el-Kader fut souvent controversée; mais cette date est authentique : c'est celle que l'Emir lui-même affirmait à l'Empereur lors de sa visite à Saint-Cloud.

que toutes les branches des diverses sciences, et enfin le jeune Abd-el-Kader alla terminer à Oran cette brillante et forte éducation.

Le pèlerinage de La Mecque devait couronner ces belles années de l'étude et de la jeunesse. Deux fois Abd-el-Kader alla prier avec son père sur le tombeau du Prophète. Il parcourut une partie de l'Orient, alla jusqu'à Bagdad pour visiter et honorer les reliques de son patron, Muley (saint) Abd-el-Kader-el-Djelâli, le plus célèbre marabout de tout l'Islam.

Une légende populaire répandue parmi les Arabes, et qu'on vénère encore sous la plupart des tentes africaines, rapporte que, lors de cette célèbre visite, un ange, sous la forme d'un nègre, sortit du tombeau même, et offrit aux nobles pèlerins des dattes, du lait et du miel, et que, le lendemain, Mahhi-ed-Din étant retourné seul pour y prier pendant qu'Abd-el-Kader était resté en arrière pour surveiller les chevaux, le même nègre, apparaissant de nouveau, demanda d'une voix sévère où était le sultan. « Seigneur, il n'y a point de sultan parmi nous, répondit Mahhi-ed-Din; nous sommes de simples pèlerins craignant Dieu et venant de La Mecque. »

« — Le sultan, répondit l'inconnu d'un ton d'autorité, c'est celui que vous avez laissé près de vos chevaux dans la plaine, comme si ces soins convenaient au prince qui doit un jour commander à toute l'Afrique. » Puis, voyant le marabout stupéfait et effrayé de ces étonnantes paroles : « Ne craignez rien des Turcs, ajouta-t-il; votre patrie en sera bientôt affranchie : leur règne touche à sa fin. »

Telle est l'étrange prédiction qui accueillit les voyageurs au tombeau de Muley Abd-el-Kader, et qui, quelques années plus tard, devait si merveilleusement s'accomplir.

Le futur souverain continua à parcourir pieusement les mosquées les plus vénérées de l'Orient, puis il se retira au Grand-Caire, dans un sanctuaire célébre, où il se livra avec ardeur, sous la direction des premiers Ulémas, aux études les plus élevées et à cette vie ascétique et méditative vers laquelle il se sentait dès l'enfance une si vive attraction.

Abd-el-Kader reprit enfin le chemin de la Guatna paternelle, et il revint dans la tribu des Hachem, rapportant ce glorieux titre de *Hadj* (pèlerin) devant lequel s'incline tout Musulman, et cette précoce maturité que nul Européen ne connut jamais à cet âge. Non seulement il avait visité La Mecque, Bagdad, Le Caire, Alexandrie, Tunis et vingt autres villes renommées, mais il avait eu la bonne et rare fortune de voir et d'admirer de près un grand homme travaillant à une œuvre colossale. Il avait embrassé et saisi d'un coup d'œil tout le travail organisateur dont l'Égypte était alors le merveilleux théâtre. Le génie d'Abd-el-Kader et le génie de Méhémet-Aly s'étaient rencontrés en une heure solennelle, et bientôt le jeune Sultan des Arabes allait devenir, non loin de ce rivage, en face de cette même Méditerranée, l'émule de l'illustre successeur des Pharaons.

A peine le pèlerin prédestiné était-il retourné vers les tentes de son riant berceau, qu'on apprit tout à coup que les Français venaient de s'emparer d'Alger, la formidable citadelle des orgueilleux Deys, et que l'étendard des Chrétiens avait remplacé sur le sol africain l'étendard des Turcs, vaincus et proscrits.

Les Arabes ne virent pas sans quelque joie l'événement inattendu qui les délivrait d'un joug tyrannique et souvent brutal. Mais bientôt la plus effroyable anarchie menaça de succéder, parmi ces mille tribus rivales, au pouvoir séculaire qui, en les rattachant à un centre commun, leur donnait du moins une ombre d'unité.

En face de cette violente dissolution, en présence de l'attitude menaçante des nouveaux conquérants, les principaux chefs s'effrayèrent du lendemain qui se préparait pour le pays tout entier, et ils ne virent d'autre moyen d'échapper à ce double péril que de s'unir fortement sous la main énergique de l'un d'entre eux, auquel ils remettraient le soin du pouvoir et de l'avenir. C'était un grand acte et une pensée profonde : car, sous la tente des Douairs comme dans les palais d'une capitale, il n'y a de force que dans l'unité du pouvoir.

Mahhi-ed-Din avait, il est vrai, une immense influence et une autorité presque souveraine, mais il n'était pas souverain.

Deux ans après la prise d'Alger, pressés enfin par le spectacle d'une anarchie, d'une violence et d'une spoliation qui ne connaissaient plus de bornes, et qui, déjà sanglantes, menaçaient enfin de devenir universelles, les cheiks, les marabouts et les guerriers des principales tribus se réunirent dans la plaine d'Eghris en assemblée générale, et offrirent d'une voix unanime le commandement suprême à Mahhi-ed-Din, le déclarant responsable devant Dieu des maux qui pourraient résulter de son refus.

Le vieux marabout, dont la renommée s'étendait de Fez à Tunis, et qui seul pouvait prétendre à ce redoutable honneur, recula épouvanté devant un tel fardeau, et opposa inflexiblement à toutes les instances et à toutes les prières ses soixante et quinze ans. L'assemblée se renouvela le lendemain dans l'espoir de vaincre cette auguste résistance; mais, le trouvant inébranlable, les chefs désespérés le supplièrent de consentir du moins à leur désigner celui qu'il jugerait le plus digne de commander à sa place.

Mahhi-ed-Din, vaincu enfin par les vœux et les malheurs de sa patrie, leur présenta, avec une religieuse émotion et une solennelle majesté, le troisième de ses fils, le jeune pèlerin de La Mecque et de Bagdad.

A l'instant même, un vieillard centenaire, couvert de sueur et de poussière, arrivait à pleine course à la tête d'une troupe de cavaliers. C'était Sidi-el-Arrach, l'un des plus célèbres et des plus vénérés marabouts du pays, qui accourait annoncer que, pendant la nuit, Muley Abd-el-Kader lui était apparu en songe et lui avait déclaré que les Arabes ne devaient pas choisir d'autre chef que le fils de Mahhi-ed-Din, et que de lui dépendait le salut de la nation.

Le nom d'Abd-el-Kader fut reçu avec des acclamations enthousiastes. Une indicible émotion agitait cette immense assemblée qui remettait sans balancer à un chef de vingt-cinq ans le sort de la patrie. Le jeune guerrier, inclinant son front ému sous la main paternelle qui le bénissait en tremblant, fut solennellement proclamé Emir et Sultan des Arabes. Puis le marabout centenaire, se prosternant avec respect, baisa les pieds de celui que le Ciel et la nation avaient marqué d'un sceau sacré, et, tous les chefs l'imitant, ce fut un saisissant spectacle que de voir ces milliers de fronts belliqueux ou vénérables s'incliner sous la jeune main qui allait porter, au nom de tout un peuple, le fardeau de l'avenir.

Un volume ne suffirait pas pour décrire les splendeurs, les émotions et les fêtes qui marquèrent ce grand événement et qui en immortalisèrent jusque chez les populations les plus lointaines le palpitant souvenir.

C'est à Gresibia, le 22 novembre 1832,

l'an 1248 de l'Hégire, que se passait cette scène digne d'avoir un jour son Homère.

Fragilité des projets de l'homme, et profondeur des desseins de Dieu! En voyant, sous le ciel de l'Afrique, la nation arabe réunie solennellement, le 21 et le 22 novembre 1832, pour élire le chef à qui elle allait confier le soin de ses destinées et la terrible tâche de repousser la domination française, qui eût pu jamais soupçonner que, vingt ans plus tard, jour pour jour, ce prince des Croyants, après avoir rempli son devoir avec un dévoûment, une constance, un courage et un héroïsme sans exemple, devenu tout à coup l'hôte et l'ami de ses ennemis, joindrait spontanément sa voix à celle de la nation très chrétienne, réunie le 21 et le 22 novembre 1852 pour élire le chef à qui elle allait confier le soin de ses redoutables destinées et la difficile tâche d'assimiler à la France le nouveau royaume africain?

Et ce jour-là le sultan des Arabes, en

prenant part à l'élection de l'Empereur des Français, devait non pas s'abaisser, mais s'élever aux yeux des hommes, car il ne s'inclinait que devant Dieu.

Ce Sultan de vingt-cinq ans, à l'air doux et mélancolique, au teint pâle, au regard profond, au front inspiré, portant sur tous ses traits le rayonnement de l'âme et le cachet du génie, ne tarda pas à justifier aux yeux de l'Europe et du monde le choix de sa nation, et à montrer que, quelque grand que fût son titre, il était lui-même encore plus grand.

A vingt ans, par son éloquence, il avait sauvé la tête de son père des mains jalouses et perfides du bey d'Oran et du dey d'Alger. A vingt-trois ans, par la prudence de ses conseils et la sûreté de son coup d'œil politique, il avait détourné de sa tribu l'orage prêt à fondre sur elle. Enfin, deux mois avant son élévation, il avait par son énergie entraîné sur les pas de Mahhi-ed-Din des cavaliers recrutés à la hâte et sétait précipité avec eux sous les murs d'Oran défendus par les Français. Un cheval tué sous lui témoignait assez de sa bravoure, et le manque de vivres avait seul pu changer en retraite la victoire.

Maintenant que, investi de l'autorité souveraine, il est chargé de la plus vaste et de la plus difficile mission qu'il soit donné à un homme d'accomplir, voyons à l'œuvre celui qui, en face de l'anarchie et de l'invasion, a tout à la fois l'unité nationale à créer et la guerre sainte à conduire.

A peine proclamé triomphalement au milieu d'une population innombrable, le jeune Sultan, qui ne se laissait ni éblouir par les ovations, ni effrayer par les périls, alla droit à la mosquée demander à un plus grand que lui la lumière et la force qu'il lui fallait pour entreprendre une pareille tâche. Là il prêcha à tous, au nom du Ciel et de la patrie, la concorde, l'obéissance, le dévoûment et la foi, seuls gages du salut et de la victoire. Puis, quand il eut jeté dans le cœur de ces milliers d'auditeurs électrisés ses éloquentes et magiques paroles, comme une semence féconde qui allait voyager sur les ailes du vent et germer au loin sous la tente, il se retira dans la chambre du conseil, écrivit aux tribus les plus lointaines pour leur notifier son avénement et réclamer leur concours, et, le soir même, ses courriers partaient pour tous les points de l'horizon.

Quinze jours après, cinq mille guerriers équipés étaient rangés autour de la Guatna, et Abd-el-Kader, ayant déjà préparé dans sa tête et jeté sur le sol le plan et les bases de son jeune royaume, s'élançait sur son cheval de bataille, l'étendard du Prophète à la main.

Suivi de son vieux père, Mahhi-ed-Din, qui avait voulu accompagner ses premiers pas, de son jeune frère, Aly, dont il avait fait son lieutenant, et de son beau-frère, Ben-Thamy, qu'il avait nommé l'un de ses khalifas, il choisit Oran pour première étape militaire de sa gigantesque carrière. C'était la clef de la province, et il voulait s'en emparer d'abord pour inaugurer son règne. Mais la bouillante ardeur et l'héroïque bravoure du jeune chef et de ses compagnons vinrent échouer contre ces murailles hérissées de baïonnettes françaises, contre la savante tactique et la vigoureuse résistance d'une vaillante garnison commandée par un brave général. Abd-el-Kader, après avoir eu son cheval tué sous lui, après avoir été renversé deux fois dans la mêlée, après avoir rallié deux fois son armée en déroute, après avoir vu tomber par centaines ses cavaliers à ses côtés, dut se retirer et ajourner la prise d'une ville à laquelle il attachait tant de prix.

Ce combat, marqué de tant de glorieux mais stériles prodiges de valeur, ne découragea pas l'Émir. Après s'être emparé de tous les environs, il revint une seconde fois sous les murs d'Oran, mieux fortifiés que jamais. Il échoua encore; mais, se riant du danger, volant au sein de la mitraille et des boulets, ayant son burnous rouge de sang et criblé de balles, blessé lui-même, dissimulant héroïquement sa blessure, se tenant sans cesse au premier rang, sans se laisser effrayer ni par les bombes qui éclataient à ses pieds, ni par les Français qui se ruaient sur lui, ni par les siens qui fuyaient en désordre, il frappa d'admiration les guerriers des deux camps, et sortit du combat plus grand qu'on ne l'est souvent après une victoire. De ce jour, les Arabes, le regardant comme une divinité sous la figure d'un homme, le crurent invulnérable et immortel.

Bientôt une troisième rencontre eut lieu dans la plaine d'Oran. La bravoure des troupes françaises ne put cette fois leur épargner des pertes cruelles. Abd-el-Kader eut à son tour la douleur de voir tomber à ses côtés son jeune et bien-aimé frère Aly, auquel on fit des funérailles triomphales.

L'Émir, après avoir conduit au tombeau de ses aïeux, sous les ombrages sacrés de Cachereau, celui qui venait de payer si glorieusement sa dette à la patrie, reprenait sa course héroïque, quand le général Desmichels, qui commandait la province d'Oran, et qui avait pu apprécier de près son terrible adversaire, lui proposa une entrevue et la cessation des hostilités. Abd-el-Kader refusa l'entrevue, mais ne repoussa pas l'ouverture. Il répondit à la lettre du général : « *Ma religion me défend de demander la paix, mais elle me permet de l'accepter.* » Et, le 20 février 1834, les plénipotentiaires arabes et français signaient un traité solennel d'alliance, par lequel la France reconnaissait l'indépendance et la souveraineté d'Abd-el-Kader, comme Emir et Sultan, dans les limites qui devaient servir de frontières aux deux puissances alliées. Ce traité, un des plus beaux triomphes du jeune prince des Croyants, arrêta l'effusion du sang; mais il était trop désavantageux à la France, surtout par ses clauses secrètes, pour être définitif et long-temps observé.

Abd-el-Kader, se trouvant, par ce chef-d'œuvre de politique, maître paisible de cette immense contrée qui s'étend des bords du Chelif à l'empire du Maroc, n'ayant laissé aux Français, dans toute la province, que Mostaganem et Oran, s'empressa de profiter de cette glorieuse trêve pour établir sur des bases solides l'ordre et la prospérité de ses états naissants.

Mahhi-ed-Din, le vénérable marabout des Hachem, venait de s'éteindre, emportant dans la tombe la joie d'avoir vu sortir de sa tente le berceau d'un empire arabe, et d'avoir contemplé de son dernier regard les premiers rayons de la gloire de son fils.

Encore tout ému de ces adieux suprêmes, Abd-el-Kader s'installe avec sa famille et ses serviteurs à Mascara, dont il avait fait la capitale de son royaume, et commence cette œuvre puissante d'organisation, que l'histoire trouvera peut-être plus étonnante encore que ses exploits militaires.

Gouvernement, administration, justice, commerce, industrie, finances, armée, il n'oublie rien ; il règle tout, il crée tout sur un terrain où il n'y avait rien et où tout était contre lui. Il ne lui suffisait pas d'avoir mesuré ses armes avec celles de la France; il voulait élever civilisation contre civilisation, et mettre le peuple arabe en état de soutenir victorieusement la lutte, sous quelque forme que ce fût, contre un peuple étranger.

Son dévoûment à son pays, l'élévation de ses instincts religieux, la puissance de son génie, la justesse de son coup d'œil, l'infatigable activité de son esprit et l'indomptable énergie de sa volonté multiplièrent les prodiges sous ses pas. Il organisait la justice avec une sagesse et une sollicitude dont le passé n'offrait point d'exemple; il la rendait souvent lui-même; il rédigeait un Code civil et un Code militaire qu'il faisait répandre et exécuter partout où s'étendait son autorité, et grâce à lui, pour la première fois chez ces belliqueuses tribus, le châtiment n'eut plus l'aspect de la vengeance. Il transformait d'éphémères contributions en un système rationnel et régulier de finances. Il semait l'ordre et l'unité en instituant dans chaque province des gouverneurs ou *khalifas*. Avec des bandes éparses de cavaliers, il enfantait une armée ayant sa discipline, sa solde et ses lois; il en distribuait les fractions à des lieutenants ou *aghas*, sorte de généraux, qui, pour signe de commandement, portaient une plaque d'argent avec ces mots: *Obéir à son chef, c'est obéir à Dieu!* Il créait, chose inouïe jusque alors, des corps d'infanterie, qui, sous le nom de *réguliers de l'Emir*, devaient doubler sa puissance militaire. Ne voulant être tributaire de personne, et s'appropriant avec une merveilleuse promptitude l'industrie, les sciences et les arts de son ennemi, il bâtissait des villes, des forts et des arsenaux, établissait des manufactures d'armes et des fonderies de canons, encourageait le commerce, et réunissait dans sa main puissante tous les éléments de la grandeur et de la force.

Au sortir du conseil où il avait réglé les affaires de l'Etat, ou du tribunal où il avait rendu la justice, il allait à la mosquée pour y parler au peuple ou y faire sa prière. Tantôt, enfermé dans sa bibliothèque, il aimait à se délasser par de profondes études; tantôt, entouré de ses secrétaires, il dictait cent lettres diverses pour cent tribus divisées et rivales.

Un jour il recevait dans son humble palais un illustre envoyé qui arrivait des frontières de la Kabylie pour lui apporter des présents de soumission et l'assurer du dévoûment de ces fiers montagnards. Le lendemain il allait en armes à cent lieues châtier un chef rebelle qui avait levé le drapeau de l'insurrection et portait partout le ravage et l'anarchie.

Emporté par une lutte violente qu'il eut

à soutenir contre un de ces chefs qui menaçaient à la fois et ses possessions et celles des Français, l'Emir un jour franchit les eaux du Chélif, limite fixée par le traité d'Oran, et soumit par une éclatante victoire l'armée des insurgés. Le maréchal d'Erlon, gouverneur général de l'Algérie, ne vit pas dans cette course dirigée contre un ennemi commun une violation réelle des conventions, et il continua à traiter comme allié de la France le prince des Croyants. Mais le général Trézel, qui venait d'être nommé gouverneur d'Oran, ne fut pas du même avis, et à peine arrivé, heureux de trouver l'occasion de déchirer un traité trop favorable à l'Emir, il se mit à la tête de son armée, et le 26 juin 1835 il s'élança à l'improviste, croyant recommencer les hostilités par un coup de foudre. Mais son ardeur lui devint funeste : il avait affaire à un ennemi qui ne se laissait pas facilement approcher ni surprendre. Abdel-Kader, il faut bien le dire, quelque douloureux que soit le mot à prononcer, écrasa la colonne française sur les bords de la Makta. Malgré l'héroïsme des soldats et de leurs chefs, nos troupes se retirèrent mutilées, laissant le champ de bataille couvert d'un immense butin et de douze cents des leurs.

Une nouvelle armée, appelée de France pour venger la défaite de la Makta, ne se fait pas attendre, et bientôt, à sa tête, le maréchal Clausel et le duc d'Orléans dévastent les états de l'Emir, le poursuivent à outrance, défont et dispersent ses troupes, prennent, pillent et brûlent sa capitale.

Vaincu, dépouillé, abandonné, presque seul, Abd-el-Kader semblait perdu sans retour, et l'on eût cru que ce beau rêve à peine commencé était déjà fini.

Mais pour un cœur de cette trempe, ce n'était là qu'une première épreuve à surmonter. Son courage grandit avec l'adversité, et son génie s'y révéla tout entier.

Quand tout semble perdu, c'est l'heure des grandes âmes.

A peine les Français avaient-ils terminé le sac de Mascara, que déjà l'Emir était installé de nouveau dans sa capitale, qu'il avait réparé ses désastres, fait rentrer plusieurs millions dans ses caisses, reçu la soumission de nouvelles tribus, et qu'à la tête de dix mille cavaliers il se préparait à reprendre l'offensive.

Le lendemain, après avoir châtié les tribus qui l'avaient trahi, après avoir couru sur Tlemcen, après avoir battu et poursuivi plusieurs généraux, il faisait cerner Alger par ses lieutenants, cernait lui-même l'armée française qu'il venait de couper, et le maréchal Bugeaud, accourant avec de nouvelles troupes envoyées de France au secours des colonnes en péril, en était réduit à offrir à Abd-el-Kader un traité qui le rendait plus puissant que jamais, et qui semblait être le prix de dix victoires.

Par ce traité, si fameux, de la Tafna, la France reconnaissait de nouveau Abd-el-Kader comme prince et sultan des Croyants (*Emir-el-Moumenin*), lui cédait des villes nouvelles et lui laissait la province d'Oran, celle de Tittery et une partie de celle d'Alger. Les limites des deux états y étaient loyalement tracées, et les relations commerciales et diplomatiques les plus bienveillantes devaient régner dès ce jour entre les deux peuples.

C'était là assurément pour le jeune héros un magnifique triomphe, et, s'il remettait son glaive au fourreau, il en avait le droit, car il venait de conquérir en un jour pour ceux qui avaient remis leur sort entre ses mains une part d'indépendance qu'un demi-siècle d'efforts n'eût pas conquis sans lui.

« Ce traité, écrivait le général Damrémont, rend Abd-el-Kader souverain de fait de toute l'ancienne régence d'Alger, moins la province de Constantine. » La position des Arabes n'avait fait que grandir depuis la chute des Turcs ; désormais elle était solennellement consacrée par la reconnaissance du plus grand des peuples chrétiens et le dévoûment du plus intrépide des princes musulmans : depuis des siècles elle n'avait jamais été aussi belle.

Une entrevue célèbre couronna cet acte d'alliance entre les deux nations rivales. Le maréchal Bugeaud sollicita et obtint une faveur qui, malgré d'assez vives instances, n'avait été accordée jusque alors à aucun général français : il fut admis en présence de l'Emir. A la tête de six bataillons d'infanterie, de deux escadrons de cavalerie et de quelques pièces de campagne, il s'achemina en hôte pacifique vers les tentes de celui qui ne s'était jamais montré aux Français qu'à travers le feu des batailles. Abd-el-Kader, à cheval, entouré de deux ou trois cents chefs arabes vêtus de costumes splendides et montés sur de magnifiques coursiers, reçut aux limites de son camp l'envoyé de la France.

Dix mille guerriers, appartenant à toutes les tribus, couronnaient les hauteurs environnantes, et encadraient merveilleusement cette scène dont ils rehaussaient la majestueuse grandeur.

Les deux chefs, mettant pied à terre, se tendirent la main, et échangèrent de riches présents et de nobles paroles. De cette heure les deux peuples s'étaient rencontrés sans se combattre et s'étaient parlé sans se maudire : l'avenir devait en recueillir les fruits. De cette heure aussi naquit cette haute et réciproque estime qui devait grandir sans cesse, survivre à tout et se révéler, même à travers la distance et la mitraille, dans le cœur du maréchal et dans celui de l'Emir.

Abd-el-Kader, désormais en paix avec les Chrétiens, appliqua toute l'activité de son génie à consolider et à accroître les forces de son jeune royaume. Continuant l'œuvre d'organisation qu'il avait si brillamment inaugurée pendant la première trève, il s'occupa sans relâche de faire germer et de propager partout les éléments de la richesse et de la vie. Les ateliers, les magasins, les entrepôts, les fabriques, les industries de la paix et de la guerre, les forteresses, les marchés, les villes surgissaient comme par enchantement sous sa main et sous ses pas. Pendant qu'il bâtissait Tekedempt, Saïda, Boghar, Sebdou, Thaza, il établissait des khalifas sur tous les points de son vaste territoire, réglait l'administration, faisait naître et prospérer le commerce, et créait tout à la fois des régiments et des lois.

Ayant près de lui à Mascara un consul de France [1], accréditant à son tour des agents diplomatiques dans les villes françaises, entretenant de hautes et cordiales relations avec les empereurs de Turquie et

---

[1] M. le général Daumas a résidé à ce titre près de l'Emir de 1837 à 1839.

de Maroc, avec le vice-roi d'Egypte, avec les beys de Tunis et de Tripoli, et jusqu'aux ulémas de La Mecque et d'Alexandrie, il voyait ses Etats naissants prendre au dehors une attitude sérieuse et respectée.

Au dedans l'Emir faisait régner partout l'ordre et l'union : la fascination qu'il exerçait sur tous à un si étonnant degré rendait son autorité toute-puissante, et, parmi les innombrables tribus soumises à ce sceptre guerrier, l'obéissance avait presque toujours la chaleur du dévoûment. Quelques unes, cependant, séparées de lui par les montagnes et la distance, par les diversités d'origine et de mœurs, excitées par des chefs ambitieux et rebelles, lui causèrent de graves embarras et menacèrent de porter le trouble et la ruine dans plusieurs parties de ses provinces.

Ne sachant pas plus perdre une heure que négliger un devoir, voulant accomplir dans toute sa rigueur et toute son étendue son immense et laborieuse mission, Abd-el-Kader se hâta de profiter de sa paix avec les Français pour étouffer tout germe de révolte ou de désordre. Il combattit à main armée ceux qui avaient pris les armes contre lui ; il châtia ceux qui avaient méprisé ses ordres ou molesté ses khalifas. Il employa tour à tour et avec une sagesse profonde la sévérité et la clémence. Il dompta les uns par sa fermeté, désarma les autres par sa générosité; il se fit connaître et respecter par ceux qui ne pouvaient pas encore l'aimer ; partout il fut invincible et irrésistible, et, quoique ce fût la première fois qu'il posait son pied sur les limites extrêmes de son empire, nulle part l'empreinte ne put s'en effacer, et nulle part elle ne fut stérile.

Son voyage au sein des tribus kabyles est peut-être l'un des traits les plus frappants et les plus hardis de sa politique et de sa puissance. Seul avec quelques serviteurs, sans appareil et sans armée, mais précédé de sa gigantesque renommée, le jeune Sultan se présenta chez ces rudes montagnards, qui, retranchés dans leurs rochers et leur indépendance, n'avaient subi jusque alors aucune domination, pas plus celle des Turcs ou des Arabes que celle des Chrétiens; il parcourut, sonda, étudia toute la chaîne du Jurjura, s'enfonçant dans les gorges les plus profondes, gravissant les pics les plus élevés, semant partout, avec le prestige et l'autorité de sa parole, les germes de l'avenir. Ni les obstacles ni les périls même n'arrêtèrent le souverain-voyageur, le soldat-missionnaire. Des portes d'Alger aux portes de Bougie, depuis les tribus de la plaine jusqu'à celles de la Haute-Kabylie, il vit accourir au devant de lui les amines, les marabouts et les guerriers de ces sauvages contrées, et il pénétra dans la plus humble tente comme dans la plus vénérée zaouia [1].

---

[1] *Amines*, chefs élus. *Zaouia*, sorte de monastère

Il parvint à établir chez ces barbares indomptés son khalifa et ses aghas, et à jeter çà et là les fondements d'une organisation et d'une autorité qu'il se réservait d'accroître et de compléter plus tard.

En vain nous essaierions de donner en quelques lignes une idée des difficultés et de la hardiesse d'une pareille entreprise. Il faudrait, pour juger Abd-et-Kader sur ce nouveau théâtre, lire dans tous ses détails l'éloquent récit du meilleur et du moins suspect de tous les témoins.

Le beau livre de M. le général Daumas sur la Grande-Kabylie est le plus exact et le plus saisissant tableau de cette étonnante expédition. Nous ne saurions résister au désir d'en citer quelques lignes qui en résument le sens et la portée :

« Pendant ce court trajet, Abd-el-Kader

---

musulman, composé d'une mosquée, d'une école et d'une maison hospitalière.

avait su se faire apprécier des fiers et énergiques montagnards. La simplicité et la pureté de ses mœurs, son affabilité, sa piété, sa science, les titres vénérés de Hadj et Marabout, sa brillante réputation de guerrier, son éloquence de prédicateur, tout en lui saisissait. Aucun de ceux qui purent le voir et l'entendre n'échappèrent à cette influence. Des poètes en firent le sujet de leurs chants. »

Vainqueur de la plupart de ses ennemis, suscitant de toutes parts des cœurs dévoués prêts à le servir avec enthousiasme, redouté des uns, adoré des autres, allié de la première des nations civilisées, chanté par les bardes du fond de la Kabylie, le jeune Sultan des Arabes touchait à l'apogée de sa puissance, et il semblait qu'il n'eût plus qu'à attendre du temps l'abondante et facile récolte de tout ce qu'avait semé en tant de lieux son infatigable génie.

Mille tribus étaient soumises à ses lois, dix khalifas administraient les dix provinces de son empire, et il avait à ses ordres une armée de cinquante mille cavaliers et de vingt mille réguliers.

Encore quelques heures d'une paix glorieuse, et l'Emir touchait au but; encore quelques heures d'un fécond labeur, et il asseyait son pouvoir sur un inébranlable piédestal.

Mais l'heure de la tempête allait sonner avant l'heure du repos. L'orage se formait lentement à l'horizon, et il éclata tout à coup, renversant sans merci l'édifice commencé et fixant sans retour les destinées nouvelles de l'Algérie entière.

Le traité de la Tafna ne pouvait être qu'une trêve entre deux camps rivaux. La France n'avait planté son drapeau sur la terre d'Afrique que pour y implanter la civilisation chrétienne. Abd-el-Kader n'avait été élevé sur le pavois que pour relever l'étendard du Prophète et repousser la bannière des Chrétiens. La France regrettait les concessions trop larges qu'elle avait faites à l'émir, et elle commençait à s'effrayer de sa puissance. Les Arabes souffraient avec peine la présence des Français sur le sol musulman, et commençaient à murmurer de ce que celui qui s'était mis à la tête de la guerre sainte l'eût suspendue si vite et si long-temps.

Il suffisait d'une étincelle pour réduire en cendres cette paix qui n'était qu'un édifice de chaume. Elle jaillit comme une éruption volcanique du sein des monts Kabyles. De quel camp partit-elle? Il ne nous appartient pas de le dire. Nul ne le sait peut-être. Peut-être est-elle partie des deux camps à la fois. Disons plutôt que personne ne rompit le traité; c'était le traité qui se rompait de lui-même.

Quoi qu'il en soit, c'est de la France que vint le prétexte, et c'est Abd-el-Kader, trop prompt à le saisir, qui succomba dans cette nouvelle lutte, pour laquelle il n'était pas encore suffisamment préparé. Tôt ou tard d'ailleurs la victoire devait rester à la civilisation et au christianisme : la France exécutait les décrets de la Providence.

Le maréchal Vallée, inquiet de la puissance toujours croissante d'Abd-el-Kader, résolut de se fortifier de plus en plus contre lui et entreprit dans ce but cette reconnaissance armée entre Alger et Constantine devenue si célèbre sous le nom d'*Expédition des Portes-de-Fer*.

Cet audacieux passage des Bibans, exécuté par le maréchal-gouverneur et le duc d'Orléans sur le territoire de l'Emir, fut le signal de la guerre. Le khalifa Ben-Salem, ne sachant que penser d'une telle démonstration en pleine paix, et voyant son autorité menacée par la présence des Chrétiens, lança de toutes parts l'ordre de repousser les colonnes françaises. Ce n'était là encore qu'une protestation. Il se hâta d'informer Abd-el-Kader et de demander ses ordres pour l'avenir. La réponse ne se fit pas attendre. La voici :

« La rupture vient des chrétiens ! Votre

» ennemi est devant vous ; retroussez com-
» me il faut vos burnous, et préparez-vous
» au combat. De toutes parts le signal de
» la guerre sainte est donné. Vous êtes
» l'homme de ces contrées. Je vous ai pla-
» cé là pour en fermer l'issue.

» Gardez-vous de vous laisser troubler.
» Serrez votre ceinture et soyez prêts à tout.
» Grandissez-vous à la hauteur des événe-
» ments. Apprenez surtout la patience ;
» que les vicissitudes humaines vous trou-
» vent impassibles. Ce sont des épreuves :
» Dieu les envoie ; elles sont attachées au
» destin de tout bon musulman qui s'en-
» gage à mourir pour sa foi.

» La victoire, s'il plaît à Dieu, couron-
» nera notre persévérance. Le salut de la
» part d'Abd-el-Kader-ben-Mahhi-ed-Din. »

Cette lettre était le premier coup de tonnerre. Les coups de canon allaient bien tôt y répondre d'un bout à l'autre de l'Algérie.

Le khalifa Ben-Salem réunit à son camp

les chefs des tribus kabyles, leur donna lecture du message, et leur adressa ces énergiques paroles : « Vous n'êtes plus des Musulmans ! vous avez supporté que l'infidèle traversât votre territoire... C'est une honte ! Répondez-moi : Dieu vous a-t-il prescrit de subir le joug des chrétiens ou de les combattre ? »

Le cri : La guerre sainte ! la guerre sainte ! sortit de toutes les bouches, et vola bientôt, répété au loin dans les vallées et les montagnes.

Abd-el-Kader, après avoir demandé des explications au gouverneur général et en avoir reçu qui lui semblèrent trop fières et trop dures, l'avertit que, le traité étant ainsi violé, il ait à se tenir prêt pour une guerre à outrance.

Il tint parole. Le lendemain il entamait d'une manière éclatante et terrible cette troisième guerre sainte qui devait être sans trêve jusqu'au dernier jour.

Le temps des luttes partielles était passé ; il s'agissait de bannir à jamais les Français du sol africain, et, comme il le disait énergiquement, « de les jeter à la mer ». Mais sa haute intelligence militaire comprit à l'instant que, pour l'exécution de ce gigantesque projet, il lui fallait des forces immenses, et qu'il ne pourrait triompher de l'infanterie française qu'avec le secours de l'infanterie kabyle, la première et la plus nombreuse de toute l'Algérie.

Dès le premier jour du combat la plaine de la Mitidja et les environs d'Alger étaient au pouvoir des Arabes. Ce n'était là qu'un commencement d'exécution des sanglantes promesses faites par l'Emir au maréchal : l'heure était venue de marcher droit sur la capitale. Après avoir donné ordre aux khalifas de toutes les provinces d'armer à la hâte, après avoir réglé avec autant d'habileté que de promptitude son plan général et ses diverses combinaisons d'attaque, Abd-el-Kader tombe à l'improviste au milieu des tribus de la Kabylie, les enflamme, les électrise et les entraîne sur ses pas. Puis, ayant organisé ses nombreuses et robustes colonnes de Kabyles, tout fier de cette nouvelle armée, plein d'une sainte et belliqueuse ardeur, respirant déjà la victoire, il fixe solennellement le jour où il doit entrer dans les murs d'Alger et faire boire son cheval à la fontaine de Bab-el-Oued.

De tels auxiliaires secondant le génie d'un tel maître semblaient justifier cet audacieux dessein. Avant de s'élancer avec eux sur les remparts de la redoutable capitale, l'Emir, voulant essayer leur courage, leur assigna pour première étape l'attaque du fort de Boudouaou, occupé par les Français. Les terribles montagnards descendent comme un fleuve et se précipitent comme une avalanche; mais à peine sont-ils dans la plaine, à peine ont-ils éprouvé l'héroïque résistance des assiégés, à peine ont-ils vu leurs flots tumultueux se briser contre les retranchements de la petite forteresse, et le canon sillonner sans relâche leurs colonnes compactes, qu'ils s'arrêtent découragés, et regagnent en désordre leurs montagnes, laissant à leurs chefs humiliés le soin d'apprendre à l'Emir la désertion universelle.

Le lendemain, au point du jour, Abd-el-Kader, qui venait de combiner simultanément d'autres coups de main et d'autres corps d'armée pour appuyer les Kabyles, s'apprêtait, certain d'avance de la victoire de la veille, à donner le signal de celle du lendemain, quand il reçut comme un coup de foudre la désastreuse nouvelle.

Après être resté un instant silencieux, immobile et atterré: « Voilà donc ces fiers Kabyles! » s'écria-t-il avec dédain. Puis, descendant de cheval, et s'étant découvert la tête, il prononça, le regard tourné vers le ciel, cette terrible imprécation: « Que
« leurs vœux ne soient jamais exaucés!
« Que leur prière soit à jamais méprisée!
« Qu'ils vivent dans l'opprobre et la mi-
« sère! Qu'ils tombent assez bas pour

« qu'un misérable juif puisse les soumettre
« à son pouvoir! »

C'en était fait des hautes espérances de l'Emir ; le brillant édifice qu'il avait fondé d'avance sur cette immense armée de montagnards venait de s'écrouler en une heure, et il en rejeta avec mépris dans leurs retraites escarpées les inutiles débris.

Abd-el-Kader dut se résigner à ne compter que sur ses premières forces pour la gigantesque lutte qui venait de s'engager, et qui ne devait finir que par la destruction totale de son empire ou de la colonie française. Nous renonçons à décrire cette guerre acharnée, entrecoupée des plus foudroyants revers et des plus étonnantes victoires, pleine de sang et de gloire pour les armées des deux camps. Il faudrait une Iliade entière pour en reproduire les phases merveilleuses et les éclatantes vicissitudes.

Présent partout à la fois, multipliant le nombre par la rapidité de la course, attaquant d'un côté, se fortifiant de l'autre, l'Emir combattait presque à la même heure les troupes françaises aux portes d'Alger, aux portes de Bougie et aux portes d'Oran. En vain le maréchal Bugeaud et tous ses illustres lieutenants multipliaient contre lui leurs efforts et leurs exploits. Vaincu aujourd'hui, il prenait demain sa revanche; abattu sur un point, il se relevait sur un autre.

Peu à peu pourtant, en face du formidable déploiement de forces que la France lui opposait chaque jour, en face de l'habileté de tant de généraux et du courage de tant de soldats, l'Emir sentit le sol fuir sous ses pas; ses provinces, ses villes, tombaient successivement au pouvoir de l'ennemi. Mascara, Médeah, Miliana, Tlemcen, et tant d'autres, ne purent résister au vainqueur. Le col de Mouzaïa, qu'il avait pris tant de peine à fortifier, à couronner de retranchements et à armer de foudroyantes batteries, venait d'être enlevé par le duc d'Orléans; Tekedempt, Boghar, Thaza, ses dernières citadelles, ses derniers magasins, ses derniers arsenaux, ses derniers refuges, venaient d'être pris ou plutôt anéantis : car, lorsque arrivait le moment où toute résistance était inutile, il donnait l'ordre d'évacuer et d'incendier ces cités et ces forteresses élevées naguère à si grands frais, et hier encore si pleines pour lui d'espérances et de charmes. Transformées en autant de Moscou par leur fondateur lui-même, elles mirent leur gloire à n'offrir aux mains des conquérants qu'un monceau de cendres.

Désormais sans capitale, sans demeure fixe, n'ayant pas même un abri sûr pour sa famille et sa tête, Abd-el-Kader dut errer de tribu en tribu, tantôt fuyant, tantôt poursuivant les Français. Emmenant et protégeant partout, au milieu des périls de la guerre, sa mère, sa femme, ses enfants, les femmes de ses guerriers, et toute cette immense suite qui formait une population tout entière, il ne cessait un instant de combattre et d'étonner ses vainqueurs.

Un jour pourtant cette ville nomade qu'on appelait la *Smala*, dont les habitants se comptaient par milliers, qui contenait les dernières richesses et les ressources suprêmes de l'Emir, qui renfermait toute sa fortune et tout son cœur, fut surprise à l'improviste par le duc d'Aumale. En vain Abd-el-Kader, s'élançant à cheval avec deux ou trois cents cavaliers à peine, opposa-t-il à cette terrible et subite irruption une résistance héroïque, désespérée : tout ce qu'il put faire, ce fut de sauver sa famille et quelques uns des siens. Environ quatre mille prisonniers, ses tentes, ses drapeaux, son trésor, sa bibliothèque, sa correspondance et tout ce qu'il avait de précieux tombèrent au pouvoir des Français. Dix fois, dans ce jour de désastre et de désespoir, il faillit lui-même trouver la mort qu'il cherchait peut-être, et qui ne voulut pas de lui.

Le lendemain, après avoir dérobé aux coups des vainqueurs les têtes les plus chères de sa *Smala* et avoir arraché au péril par des marches forcées à travers le désert, sans nourriture et sans eau, ces faibles et précieux débris de tout ce qu'il possédait et de tout ce qu'il aimait, Abd-el-Kader avait surmonté sa douleur; il s'était relevé de ce coup terrible, et il reparaissait plus intrépide sur le champ de bataille.

Combattant le jour, écrivant la nuit, il décourageait ses ennemis triomphants et relevait le courage de ses amis abattus. En vain de toutes parts il voyait ses tribus les plus dévouées ou anéanties ou soumises; en vain même il avait vu les Français envahir son propre berceau, renverser la guatna paternelle et disperser les lambeaux de sa chère et fidèle tribu des Hachem. Tous ces revers, tous ces malheurs, ne faisaient que sanctifier sa mission à ses yeux, accroître ses devoirs et grandir son courage.

Tantôt il franchissait deux provinces dans une nuit, tantôt il combattait sans repos durant deux jours entiers. Pendant qu'il payait de sa personne sur les points les plus menacés, il envoyait à deux cents lieues des encouragements et des instructions à ses khalifas pour les aider à se soutenir ou à se relever. Au milieu de tous ses désastres, le coup peut-être le plus funeste à sa cause et la plus sensible à son cœur vint inopinément le frapper. Le plus illustre, le plus vaillant et le plus aimé de sés khalifas, le célèbre sidi Embarack-Ben-Allah avait péri sur le champ de bataille. Véritable héros des croisades, d'une grande naissance, d'une âme plus grande encore, généreux et loyal envers ceux qu'il combattait, courageux comme Bayard, fidèle comme Sully, toujours prêt à donner la dernière goutte de son sang pour sa foi, pour son pays et pour son maître, il était mort comme il avait vécu... en chevalier. En apprenant cette perte irréparable, l'Emir désespéré leva les mains au ciel, et, s'étant séparé de tous les siens, il se retira pendant trois jours au désert pour prier et jeûner en signe de pénitence et de deuil.

Il se releva pourtant et recommença la lutte avec plus d'acharnement que jamais. Après avoir été repoussé jusqu'au delà des frontières de l'Algérie, il menaça tout à coup les murs de la capitale. L'espoir sembla sourire encore à une si miraculeuse persévérance; quelques succès vinrent même éclairer d'un dernier reflet de gloire cette tête héroïque, que le malheur avait rendue plus belle et plus fière encore que la puissance. Mais, comme un grand orateur l'a dit du plus grand des capitaines, il ne pouvait plus remporter, malgré tout son génie, « que des victoires blessées à mort ».

La bataille d'Isly, gagnée avec tant d'éclat par le maréchal Bugeaud, et les bombes lancées avec tant de succès par l'escadre du prince de Joinville, avaient privé

Abd-el-Kader de son meilleur allié et de son dernier asile. L'empereur du Maroc, loin de le servir, était désormais contraint de le combattre et de lui fermer l'entrée de ses états.

Frappé sans cesse et de toutes parts, mais jamais découragé, toujours debout, toujours à cheval, ne comptant ni les heures ni les défaites, tantôt tenant tête à l'ennemi avec l'audace du lion, tantôt franchissant la distance avec le vol de l'aigle, l'Emir continua encore trois ans ce duel désespéré.

Au dernier moment de cette grande lutte nationale, lorsque l'armée française croyait avoir enfin, au prix de tant de combats et de tant de fatigues, assuré et pacifié sa conquête, l'infatigable joûteur se releva plus terrible et vint faire tressaillir jusque dans Alger le vainqueur d'Isly.

Relégué la veille dans le fond du désert, il reparaissait tout à coup sur tous les points à la fois, et soulevait de son bras puissant l'Algérie tout entière, depuis Tunis jusqu'à Fez. Toutes les provinces en feu n'étaient plus qu'un vaste champ de bataille, et il fallut toute l'habileté de nos premiers généraux et la bravoure de nos meilleurs soldats pour reconquérir pied à pied le terrain que nous avaient acquis quinze années de victoires.

Puis, quand, vaincu pour la vingtième fois, il se vit rejeté dans le Maroc et pris entre deux feux, il fit sentir victorieusement aux troupes marocaines, aux fils de l'empereur et aux Kabyles conjurés, la pointe acérée de son glaive; et, sans la trahison qui fit un Waterloo de sa dernière victoire, il allait, sur les cadavres d'une armée dix fois égale à la sienne, se frayer un chemin vers la capitale et peut-être vers le trône du plus grand empire de l'Afrique. Mais là devait s'arrêter la course du lion.

A cette heure suprême, après ce sublime et stérile effort de l'héroïsme vaincu, le chevaleresque et malheureux représentant d'une puissance à jamais éteinte et d'une race soumise sans retour reconnut enfin le doigt de Dieu. Alors, sentant que sa mission était finie, et s'inclinant, comme Witikind, devant le Christianisme et la Civilisation, il descendit volontairement de son cheval de bataille et vint noblement déposer entre les mains de la France le sceptre et les armes du dernier Sultan des Arabes.

II.

PORTRAIT D'ABD-EL-KADER.

Le meilleur portrait d'Ab-el-Kader est dans le simple tableau de sa gigantesque lutte. Il s'est peint lui-même d'une manière ineffaçable dans tous les champs de l'Afrique, et l'histoire, y retrouvant à chaque pas son image vivante, n'aura pas beaucoup de peine à chercher les traits qui doivent la rendre immortelle. Il en est pourtant quelques uns qui se trouvent encore épars et qui peuvent échapper aux regards distraits des contemporains. Nous rassemblons ici au hasard ceux qui nous ont frappé, pour compléter la rapide esquisse que nous traçons du héros de l'Algérie.

L'homme qui, sortant tout à coup d'une tente des Hachem, s'éleva à la hauteur des plus puissants princes et des plus grands capitaines, et qui trouva dans son génie la force de tenir en échec pendant quinze ans une armée de cent mille hommes, commandée par les premiers généraux de l'Europe, possède évidemment ce qui rend digne de commander aux hommes : l'énergie de la volonté.

Vouloir c'est pouvoir, a dit le sage. La volonté c'est la première condition de la puissance et de la victoire. C'est le signe que porte au front tout homme prédestiné à quelque grande œuvre. Les chefs d'armée, comme les fondateurs d'empire, ont tous besoin de ce précieux don du Ciel. C'est la puissance de la volonté qui a fait Clovis, Charlemagne, Louis XIV et Napoléon. Or Ab-el-Kader a reçu au plus haut degré cette sève divine des natures d'élite ;

il a poussé jusqu'à ses dernières limites l'énergie et la persévérance de la volonté. Se jouant des obstacles et des revers, il a montré avec une splendeur inouïe ce que peut la volonté aux prises avec la destinée. Son éblouissante carrière n'a été qu'un acte de volonté.

C'est avec ce talisman qu'il s'est soutenu et qu'il a soutenu un peuple entier pendant quinze années d'épreuves terribles et sans cesse renaissantes. Quand, après avoir perdu sa capitale, toutes ses villes, et jusqu'aux tentes de son berceau, il vit sa *Smala*, patrie errante qui le suivait partout, dernier foyer domestique qui lui restât, tomber tout à coup aux mains de l'ennemi, quelle plainte entendit-on sortir de la poitrine de cet homme qui venait d'exposer vingt fois sa vie pour empêcher cette irréparable catastrophe? — « Louange à Dieu! s'écria-t-il avec un stoïcisme qui n'était que le patriotisme poussé jusqu'au sublime, «Louange à Dieu! Tous ces objets

» si chers à mon cœur me donnaient beau-
» coup d'inquiétude, entravaient tous mes
» mouvements et me détournaient de la
» voie droite. Je n'en serai que plus libre à
» l'avenir pour combattre les infidèles! »
Puis, parlant de ceux qui étaient morts
dans la mêlée : « De quoi nous plaindrions-
» nous ? Tous ces êtres que nous aimions
» ne sont-ils pas en possession du Para-
» dis ? » Le lendemain il écrivait à ses khalifas : « Les Français ont fait une razzia
» sur ma Smala ; mais nous n'en sommes
» pas découragés : cela nous rendra plus
» légers, plus dispos pour la guerre. »

Avec une telle puissance sur soi-même,
quelle puissance n'a-t-on pas sur les autres!
Aussi c'est lui qui distribuait de toutes
parts et sans cesse la force, le courage et
l'espérance. Pendant qu'accablé de fatigues
et d'ennemis, il luttait sur les frontières du
Maroc, son khalifa de l'Est, inquiet et découragé, lui écrivait du fond de la Kabylie : « Comment se fait-il que vous ne nous

écriviez plus ? La vue de votre cachet, comme vous le savez, ranime cependant les fidèles... Actuellement l'on doute même de votre existence, et l'on publie que c'est votre mère qui fait écrire en votre nom. Les Français s'apprêtent à marcher sur moi, et il m'est impossible de contenir les Kabyles : ils sont toujours de la religion du vainqueur, je vous le jure. Si vous tardez à venir, les malheurs de Berkani ne seront rien en comparaison de ceux qui vont m'accabler. Répondez-moi de votre main, je vous en prie... »

L'Emir, le sabre au poing, en face de Lamoricière et de Changarnier, qui le chargeaient sans relâche, répondit d'une main qui ne trahissait aucune émotion :

« J'ai reçu la lettre par laquelle vous
» m'apprenez que l'on a répandu dans le
» Cheurg (Est) la nouvelle de ma mort. Nul
» ne peut échapper à la mort : tel est l'ar-
» rêt du Tout-Puissant. Toutefois, Dieu en
» soit loué ! mon heure n'est point encore

» venue : car, plein de force et de santé,
» je combats à outrance les ennemis de
» notre religion. C'est par de semblables
» épreuves que l'on connaît les hommes.
» Soyez toujours le même, calme, inébran-
» lable, patient, et Dieu vous récompen-
» sera. J'irai vous trouver aussitôt que
» j'aurai terminé mes affaires dans le
» Gharb (Ouest). »

Ses affaires, c'étaient vingt ou trente combats à livrer.

L'absence forcée d'Abd-el-Kader se prolongeant et les nouvelles devenant de plus en plus rares et désastreuses, les trois khalifas de l'Est se réunirent un jour et tinrent ensemble une conférence pour se consulter en présence d'une situation si désespérée. Le maître n'était plus là pour chasser le découragement, et, au moment de se séparer, l'un d'eux, Berkani, dit à ses collègues : « Que Dieu nous réunisse dans l'autre monde, car je conserve peu d'espérance de nous revoir jamais dans celui-ci !»

« Et moi, dit Ben Salem, qui avait reçu la dernière lettre de l'Emir et qui avait gardé un peu de son parfum viril, j'espère que nous nous reverrons tous les trois à Alger. »

Ben Allal ajouta d'un ton mélancolique :
« Oui, si nous nous soumettons aux chrétiens, ce dont Dieu nous préserve ! »

Bientôt, toute communication étant interrompue par les troupes françaises victorieuses, on demeura, dans l'Est, sans aucune nouvelle d'Abd-el-Kader. Ben Salem, effrayé, envoya à sa recherche plusieurs chefs de tribus. Ils découvrirent d'abord dans le fond des montagnes un de ses anciens khalifas, qui courbait la tête devant l'orage, et qui leur répondit avec tristesse :
« Nous vivons dans un temps qui ressemble à la fin du monde : chacun s'occupe de soi, et non des autres. Je vous apprendrai cependant que l'Emir est dans l'Ouest, où il tâ-

che de s'opposer aux progrès des chrétiens. »

Ainsi partout, même chez les plus braves, le découragement, l'abattement, la stupeur jusqu'à l'égoïsme. Interrogeons maintenant celui qui est au plus fort de la tempête, et qui en reçoit tous les coups à la fois.

Les envoyés trouvèrent enfin l'Emir. Il les accueillit avec une affabilité touchante au milieu des revers qui auraient dû l'aigrir. Après avoir relevé leur courage et raffermi leur religion, il les congédia en leur donnant pour Ben Salem une lettre et un cheval richement harnaché. La lettre s'exprimait ainsi :

« Soyez patient pendant l'adversité :
» c'est elle qui fait connaître les hommes
» forts. Maintenez vos administrés, aidez-
» les, secourez-les, et mettez-vous toujours
» à la portée de leur intelligence. Cette si-
» tuation ne peut durer. Bientôt j'irai vous
» visiter pour nous entendre sur les meil-

» lettres mesures à adopter. En attendant,
» je vous prie d'accepter le cheval que je
» vous envoie; je le tiens de Muley Abder-
» rhaman, le grand sultan du Gharb (l'em-
» pereur du Maroc) : il sera pour vous, je
» l'espère, une bénédiction. »

Quel abîme entre ces paroles et celles qui s'échappaient tout à l'heure d'autres poitrines, pourtant guerrières et nobles aussi! Ici le calme, la sérénité, la sollicitude, dominent le tumulte de la guerre, et on ne croirait jamais que c'est au bruit du canon et presque sous le feu de la mitraille que ces lignes ont été écrites.

Mais, à côté de cette puissance de volonté, de cette fermeté inébranlable, de cette force d'âme qui résistait à toutes les épreuves et à tous les revers de la fortune, il y a une autre vertu qu'Abd-el-Kader possédait à un illustre degré : c'est celle qui, sous les noms de générosité, de clémence et de magnanimité, a été et sera dans tous les siècles l'un des plus nobles et des plus précieux apanages des hommes dignes de commander.

Tous ceux qui ont vu de près l'Emir, et qui, même dans les rangs ennemis, même dans les chaînes de la captivité, ont pu le juger avec certitude, sont d'accord pour proclamer la noblesse, l'élévation et la bonté de ce cœur, qui n'était de fer que contre l'adversité. Sa conduite vis-à-vis des prisonniers français a droit d'être esquissée à part et de remplir un tableau tout entier. Mais nous voulons jeter ici quelques traits épars comme témoignage de la douceur et de la générosité de son caractère vis-à-vis des indigènes placés sous sa domination. Nous les prenons au hasard.

Dans son premier voyage en Kabylie, il vit accourir à sa rencontre toutes les tribus, curieuses de voir de près le jeune Sultan dont la renommée avait franchi leur sommets escarpés et qui avait fait aux chrétiens une guerre si acharnée. Dans leur brutal empressement et leur rudesse barbare, ces hommes, sortant à la hâte du fond de leurs retraites, se précipitaient en foule sur lui, au risque de l'écraser. Les cavaliers qui lui servaient d'escorte cherchaient à les repousser, en criant aux plus importuns : Que Dieu vous confonde ! Vous allez étouffer notre maître !

Abd-el-Kader, impassible, répondait avec calme et bonté : « Laissez-les, laissez-
» les approcher ! Ils sont âpres et rudes
» comme leurs montagnes. Il faut leur par-
» donner et ne pas vouloir les changer en
» un jour ! »

Les Kabyles ayant élevé de justes plaintes contre le khalifa que leur avait donné l'Emir, celui-ci leur dit : « Puisqu'il en est
» ainsi, choisissez donc vous-mêmes l'hom-
» me digne de vous commander. Je lui con-
» fierai le pouvoir, et vous lui obéirez com-
» me à moi-même ! »

Les montagnards répondirent à cette offre honorable en élisant à l'unanimité

l'illustre Ben Salem. Mais bientôt leur barbare indépendance entravait déjà l'administration du khalifa. Abd-el-Kader leur écrivit : « Je vous avais recommandé mon
» khalifa Ben Salem; vous-mêmes l'avez
» choisi pour votre chef. Cependant j'ap-
» prends que vous lui suscitez des embar-
» ras. Cette conduite est répréhensible;
» changez-la sur-le-champ, ou vous aurez
» à vous repentir d'avoir méprisé mes
» avis.»

Les tribus s'excusèrent, mais bientôt recommencèrent. Ben Salem alla trouver l'Émir, qui lui dit : « Soyez bon avec vos ad-
» ministrés; soyez patient surtout, et si le
« Tout-Puissant permet que leur insubor-
» dination et mon existence se prolongent,
» soyez persuadé qu'un jour je saurai re-
» dresser bien vite la marche tortueuse de
» ces montagnards. »

Les Kabyles étant retombés plus tard dans les mêmes fautes, il convoqua encore une fois leurs principales tribus et leur

adressa d'énergiques remontrances, qu'il termina par ces paroles : « Je jure, par le
» Dieu maître du monde, que, si vous ne
» changez de conduite, ni l'escarpement de
» vos rochers ni la profondeur de vos re-
» traites ne pourront vous soustraire au
» châtiment que vous aurez mérité. Pour
» aujourd'hui, allez encore en paix ! »

Ce n'est qu'après tous ces avertissements paternels et réitérés, ce n'est qu'après leur lâche retraite en présence des Français, qu'un jour Abd-el Kader se décida à prononcer enfin la terrible malédiction qui retentit de rocher en rocher comme un coup de tonnerre et qui glaça d'épouvante et de honte toutes les tribus de la Kabylie.

Plus tard, dans les jours de péril et de revers, la plupart des guerriers de la province de Tittery, la voyant envahie par les Français, désespérèrent de pouvoir les repousser, et se réfugièrent près de Ben Salem dans les montagnes, laissant derrière eux la plaine sans défense. Abd-el-

Kader, l'ayant appris, au lieu d'éclater en reproches et en menaces, écrit à Ben Salem : « Je rends grâce à Dieu de ce que
» j'ai dans chaque province un flambeau
» lumineux autour duquel viennent se ral-
» lier les fidèles. Vous avez reçu les troupes
» qui ont déserté le khalifa du Tittery. Ne
» leur en témoignez aucun mécontente-
» ment. Les temps sont difficiles. Entou-
» rez-les, au contraire, des plus grands
» soins. Tâchez de les préserver de la faim
» ou de la nudité, et de les dédommager de
» tout ce qu'eux-mêmes et leurs familles
» ont pu souffrir. »

« C'est ainsi, dit M. le général Daumas à propos de cette lettre, qu'Abd-el-Kader sut toujours conserver une place dans le cœur de ceux même qui avaient le plus souffert pour sa cause. »

Du haut d'un sommet qui dominait la plaine d'Alger, il observait un jour attentivement, à l'aide de sa longue vue, la situation et les environs de la capitale, qu'il se

proposait d'attaquer, lorsqu'on vint lui apprendre que trois déserteurs s'enfuyaient de son camp vers Alger, mais qu'une poignée de cavaliers pourraient bientôt les atteindre. « Non, non ! dit-il à ceux qui s'of-
» fraient pour les poursuivre, laissez-les
» aller ; ils s'en repentiront d'eux-mêmes
» un jour ! »

Une autre fois, un nègre envoyé pour l'assassiner put, malgré la stricte surveillance exercée autour de la Smala, parvenir jusqu'à la tente où l'Emir tenait son conseil. Mais, arrivé en face de sa victime, l'assassin, saisi de remords, brise son poignard et se prosterne à ses pieds. « J'allais te frapper, s'écrie-t-il, mais ton aspect m'a désarmé, car j'ai cru voir autour de ta tête l'auréole du prophète. »

Abd-el-Kader, se levant gravement et sans manifester aucune émotion, toucha le nègre au front en lui disant : « Tu es entré
» ici meurtrier. Allah, qui fait grâce au re-
» pentir, veut que tu en sortes honnête

» homme. Va donc, et souviens-toi seule-
» ment que le serviteur de Dieu t'a par-
» donné ! »

Ce trait, en montrant la magnanimité de l'Émir, nous montre en même temps quelle fascination il exerçait sur tout ce qui l'approchait. Cette magique puissance, qu'il garda jusque dans ses derniers revers, cet amour qu'il sut faire naître sans cesse autour de lui, et cette admiration passionnée qui accompagnait son nom jusqu'aux plus lointaines contrées, ne sauraient se décrire. Quelques traits en donneront à peine une pâle idée.

Le jour du mémorable échange de prisonniers à Sidi-Klifa, son illustre et chevaleresque lieutenant, Sidi-Embarack-Ben-Allal, disait, les yeux humides de larmes, à Mgr Dupuch : « Hélas! pourquoi faut-il que vous, doué d'une si belle âme et d'un si noble cœur, vous ne connaissiez pas l'Émir! Oh! que vous l'aimeriez, si vous pouviez le connaître comme nous! »

Au haras de Mostaganem, quand les Arabes des tribus soumises et fidèles à la France venaient visiter les écuries, chaque fois qu'ils arrivaient à la stalle du magnifique coursier à la robe d'ébène que le colonel Gery avait si audacieusement enlevé à l'Emir, ils se prosternaient, embrassaient les genoux du noble animal, et, malgré les sévères avertissements de la voix et du geste qu'on ne leur épargnait pas : « *Il l'a porté!* s'écriaient-ils, *il l'a porté!* » et ils recommençaient sans pouvoir s'en détacher.

Le brave colonel, racontant à l'évêque d'Alger quelques actes vraiment magnanimes de l'Emir, qui l'avaient impressionné lui-même jusqu'au milieu du champ de bataille, lui disait ces mémorables paroles: « Nous sommes obligés de cacher, autant que nous le pouvons, ces choses à nos soldats : car, s'ils les soupçonnaient, jamais ils ne se battraient avec autant d'acharnement contre Abd-el-Kader. »

L'empereur du Maroc subit l'un des premiers cette fascination toute puissante. Son admiration pour Abd-el-Kader allait jusqu'à l'enthousiasme et presque jusqu'au fanatisme. C'était une sorte de culte qu'il professait hautement et publiquement pour celui qu'il appelait le *défenseur de la religion*, et dont il proclamait la mission divine. Souvent, après une action d'éclat du jeune Sultan, l'Empereur lui écrivait de sa main pour lui demander ou son sabre, ou son burnous, ou tout autre souvenir de son héroïsme et de sa victoire; et, quand l'Empereur avait vu son vœu satisfait, il plaçait ces glorieuses reliques dans une sorte de chapelle qu'il avait fait disposer à cet effet dans son palais, et où elles étaient exposées à la vénération des fidèles jugés dignes de cette faveur.

Il fallut que Muley-Abderrhaman vît la foudre prête à le frapper, et la bataille d'Isly mettre son trône en péril, pour qu'il changeât de conduite à l'égard de l'infatigable défenseur de l'Islamisme. Et, lorsque la France l'eut contraint à combattre lui-même Abd-el-Kader, la sympathie enthousiaste que l'Emir avait inspirée aux populations de l'empire faillit être funeste à l'Empereur ; peu s'en fallut que l'épée qu'il avait tirée contre son idole de la veille ne se tournât contre lui, et que le drapeau d'Abd-el-Kader, enflé par le souffle magique d'une de ces victoires qui se remportent sans armée, ne volât de mosquée en mosquée jusqu'aux coupoles de Fez.

Dans un moment d'effroyable désastre, l'Emir vit un jour venir à lui l'un des plus riches habitants de la province d'Oran, qui avait réalisé toute son immense fortune et qui la lui apportait par centaines de mille francs : « Je vous offre tout ce que je possède, lui dit-il ; dès aujourd'hui, c'est votre bien. Si vous triomphez, et que la patrie n'ait plus besoin de cet argent, il sera toujours temps de me le rendre. Si vous succombez, je n'aurai pas à regretter d'avoir sacrifié ma fortune à une cause pour laquelle vous vous sacrifiez tout entier. »

Ce dévoûment sans bornes, ce sacrifice des biens les plus chers, se renouvelaient sans cesse autour de celui qui s'immolait lui-même corps et âme au salut de sa patrie, et qui, à force de dévoûment et d'héroïsme, avait personnifié en lui la patrie elle-même.

La fidélité inouïe qu'il trouva jusqu'au bout chez presque tous ses lieutenants, et qui, en face de la mort, de l'exil et de la captivité, les attachait de plus en plus à sa personne et à sa fortune, restera toujours comme l'un des titres les plus éclatants de sa gloire.

Pour créer autour de soi ces grandes vertus qui anoblissent et élèvent le cœur, il faut les posséder soi-même au suprême degré.

Qui plus qu'Abd-el-Kader possédait le courage et l'intrépidité ? Qui payait plus que lui de sa personne au milieu des combats? Son burnous toujours teint de sang, ses blessures à Oran et à Sidi-Brahim, cinq chevaux tués sous lui, mille traits d'incroyable audace et de téméraire bravoure, en ont fait un héros véritablement homérique, et l'on se demande avec étonnement et stupeur quelle série de miracles il a fallu pour que cette vie sortît sauve de tant de périls affrontés en tous lieux et renaissant à toute heure.

L'Emir sut joindre les qualités physiques les plus merveilleuses aux qualités morales les plus rares. Dès son enfance, il brillait dans tous les exercices du corps, et ce n'est pas là un mérite inutile dans l'homme qui doit commander, et surtout commander à une nation guerrière. Sa selle était son trône. Aussi Abd-el-Kader à cheval fut-il toujours sans égal parmi les Arabes, qui eux-mêmes n'ont pas d'égaux parmi tous les cavaliers du monde. La longueur et la rapidité de ses courses dépassent les rêves de l'imagination. Il semblait parcourir l'espace avec les ailes du simoûn, et vivre à cheval comme les autres vivent sous la tente. Ce n'est pas une seule fois qu'on l'a vu faire soixante lieues dans une nuit, ou rester, le glaive à la main, soixante et douze heures sans mettre pied à terre.

Les fatigues et les privations n'avaient aucune prise sur lui. Souvent une poignée d'orge ou de figues était son unique nourriture pendant de longues journées, au milieu de courses sans repos et de combats sans trêve.

Après une marche forcée, son armée de réguliers, réduite aux plus dures extrémités, n'avait, au sein d'un pays dévasté, qu'une mince ration de glands pour apaiser une faim de plusieurs jours. Quelques soldats aperçurent un mouton égaré; le tuer, le rôtir à la hâte et l'apporter comme en triomphe à l'Emir, ce fut pour eux une jouissance qui donnait à leur capture la valeur d'un trophée. Abd-el-Kader, en présence de cet hommage spontané et de ce soulagement inattendu, se tourna subitement vers ses soldats épuisés et affamés, en demandant s'il y en avait pour tous... Sur leur réponse trop facile à deviner, il fit jeter au loin la séduisante proie.... qui eût fait cesser entre lui et les siens l'égalité des privations.

Ne semble-t-il pas, disait un saint prélat, voir Alexandre renversant son casque rempli d'eau, ou David vidant à ses pieds la coupe de la citerne de Bethléem?

L'Emir, dans ses jours d'opulence et de splendeur, comme dans les rigueurs de la guerre, a toujours été le premier entre tous par sa frugalité. L'austérité de ses mœurs n'avait d'égale que sa bravoure. Sa continence, étonnante chez un Musulman, eût été admirée chez plus d'un prince chrétien. Tout dans sa vie fut grave et sévère. Il ne chercha dans le pouvoir que les moyens de servir son pays, mais jamais ceux de satisfaire son orgueil ou ses passions. Tout en lui respirait la dignité, mais tout en lui respirait la simplicité. Il avait cette grandeur qui vient de l'élévation de l'âme, et non celle qui vient de l'appareil extérieur. A l'apogée de sa gloire, il aimait à rappeler l'humilité de ses premières années, lorsqu'il n'était, selon son expression, « *qu'un des quatre fils de son père, n'ayant pour toute richesse que son cheval et ses armes.* »

« *Quand j'étais sous-lieutenant d'artillerie* », disait souvent au milieu de sa cour, toute pleine de victoires et de rois, le tout-puissant Empereur qui commandait à l'Europe au nom de la France.

La noble simplicité du costume de l'Emir le distingua toujours de son brillant cortége de chefs aux riches burnous. Nulle marque d'honneur ne le désignait aux regards, et, soit dans son camp, soit dans sa capitale, on l'eût pris pour le dernier de ses soldats, sauf une sorte de rayonnement intérieur qui semblait se refléter sur son visage et sur toute sa personne.

Au début de son règne, les glands de son burnous étaient d'or; mais un de ses beaux-frères, qu'il avait nommé khalifa, ayant cru devoir déployer un luxe prodigieux, Abd-el-Kader le fit venir, et, lui ayant adressé de vifs reproches, lui dit : « Prends exemple sur moi. Ne suis-je point » plus riche et plus puissant que toi? Vois » cependant comme je suis vêtu. Je ne » veux même plus conserver ces misérables » glands d'or que tu vois à mon bur- » nous. » Puis, prenant son yatagan, il les coupa sur-le-champ. Dès lors on ne vit jamais sur lui l'ombre d'un ornement d'or ou de pierreries.

Studieux et méditatif, il sut, jusqu'au milieu de l'agitation des camps et des périls de toutes les heures, donner à son esprit cette culture et ce recueillement qui élèvent au dessus des préoccupations du jour et fortifient pour les assauts du lendemain. Sa bibliothèque le suivait partout, et, quand il était descendu de cheval, quand il avait essuyé la sueur, la poudre et quelquefois le sang qui couvraient son front, il s'enfermait dans sa tente, et feuilletait ces pages de la science et de la sagesse pour y chercher le calme et la sérénité.

Aussi Abd-el-Kader, profondément instruit et initié aux secrets les plus élevés du monde intellectuel, a-t-il su employer avec éclat d'autres armes que le sabre et le yatagan. Orateur, diplomate, homme d'état et législateur, il menait tout de front avec la guerre, et bien souvent il n'eut pas besoin de soldats pour remporter des victoires.

Son éloquence naturelle, mûrie par la réflexion et enrichie par l'étude, revêtait les formes les plus diverses et triomphait des plus rudes obstacles. Chacun de ses discours, chacune de ses lettres, chacune de ses paroles, porte l'empreinte d'un cachet inimitable. L'énergie, l'habileté, l'esprit, la grâce, y règnent tour à tour, et quelquefois ensemble. Tout ce que nous avons cité de lui nous dispense d'autres preuves. Citons pourtant encore la fin d'un discours qu'il adressait aux Kabyles pour les arracher à leur inaction et à leurs montagnes :

« Sachez, ô Kabyles, que Dieu fait marcher la victoire à ma suite à cause de la pureté des motifs qui me guident, et non à cause du nombre des soldats qui me suivent. Si je vous appelle à moi, c'est pour sauver votre pays, et non pour accroître mon pouvoir.

» Sachez bien que, si je ne m'étais opposé aux empiétements des Français, si je ne leur avais fait sentir leur impuissance, depuis long-temps déjà ils auraient nagé jusqu'à vous comme une mer en furie, et vous auriez vu alors ce que n'ont jamais vu ni les temps passés ni les temps présents. Ils n'ont quitté leur pays que pour conquérir et faire esclave le nôtre. Mais je suis l'épine que Dieu leur a placée dans l'œil, et, si vous m'aidez, je les jetterai dans la mer.

» Dans le cas contraire, ils vous écraseront et vous aviliront. Réveillez-vous donc de votre apathie, car, croyez-le, je n'ai rien plus à cœur que le bonheur et la prospérité des Musulmans. Je n'exige de vous, pour triompher des infidèles, qu'obéissance, accord et marche conforme à notre sainte loi; comme je ne vous demande, pour soutenir mes armées, que ce qui vous est ordonné par Dieu, le maître du monde.

» Obéissez donc à mon khalifa : il sera pour vous la boussole qui vous indiquera toujours le pôle où se trouve le bien. Je prends Dieu à témoin de la vérité et de la sincérité de mes paroles. Si elles n'ont pu trouver le chemin de vos cœurs, vous vous en repentirez un jour, mais d'un repentir inutile. C'est par la raison, et non par la violence, que j'ai voulu vous convaincre, et je prie le Tout-Puissant qu'il vous éclaire et vous dirige ! »

Au moment d'un de ses premiers revers, un général français ayant écrit que l'Émir ne tarderait pas à tomber entre ses mains, celui-ci ne répondit que ces mots :

« Quand, placé sur le rivage, on regarde
» les poissons nager librement dans la
» mer, il semble qu'il n'y ait qu'à étendre
» la main pour les saisir ; et cependant il
» faut tout l'art et les filets des pêcheurs
» pour parvenir à en surprendre quelques
» uns. Il en est ainsi des Arabes. »

La paix ayant été faite, un autre officier se plaignait de ce que les Hachem s'étaient opposés au passage d'un escadron français se dirigeant pacifiquement vers le Chélif. Abd-el-Kader lui ferma la bouche par cette réponse, qui, sous la forme d'une plaisanterie et d'un compliment, renfermait une fin de non-recevoir pleine d'esprit et d'habileté :

« C'est que vous auriez jeté l'épouvante

» parmi leurs femmes. Il n'est pas surpre-
» nant que cette tribu ait eu peur : moi-
» même, lorsque je me suis trouvé pour la
» première fois devant vos troupes rangées
» en bataille, je n'ai pas été exempt d'émo-
» tion. Croyez-moi, ne vous en offensez
» pas; mais n'y revenez plus ! »

Son habileté diplomatique et son génie politique n'étaient pas moindres que son éloquence, et il a montré, dans ses relations avec la France, le Maroc et les autres puissances, avec quelle supériorité il savait diriger les négociations pacifiques, aussi bien que les guerres acharnées. Il avait l'instinct de la civilisation, et son œuvre prodigieuse d'organisation intérieure en est la plus belle démonstration.

Tout occupé qu'il était de combattre d'une main et de fonder de l'autre, il avait l'esprit présent à la fois en Afrique et en Europe. Ses correspondances étaient immenses, et ses quatre secrétaires avaient peine à écrire et à expédier toutes les lettres qu'il leur dictait nuit et jour. Ses interprètes étaient occupés de longues heures à lui traduire les journaux qui arrivaient de France, d'Espagne et d'Angleterre. Que de fois, hélas! le bon sens et le noble cœur du *Barbare* se sont révoltés à l'aspect de la civilisation européenne telle que le journalisme l'offrait à ses yeux surpris ou indignés. — Qui sait de combien peut-être ces dangereuses erreurs ont pu prolonger la lutte, en entretenant l'hostilité des idées et des âmes!

Souvent au milieu des fables les plus grossières sur l'Algérie, sur les Arabes et sur lui-même, Abd-el-Kader trouvait un article qui le disait dangereusement malade, ou blessé, ou mort, ou prisonnier.

Appelant alors un des Français présents à son camp, il lui adressait naïvement cette question : « Est-ce que les Français croient en Dieu ? »

Le Français, étonné, ayant répondu affirmativement, l'Émir lui tendait le journal en lui disant : « Votre Dieu vous permet-il donc de publier de pareils mensonges ? »

La lecture de l'article ne tirait pas le Français d'embarras, et l'Émir, levant les mains au ciel, disait en soupirant : « *In ch'Allah!* que la volonté de Dieu soit faite! »

Un témoin non suspect qui a passé deux ans près d'Abd-el-Kader rend hommage en ces termes à sa loyauté : « Sincère, esclave de sa parole, la perfidie et le mensonge ont seuls le pouvoir d'exciter sa colère [1]. »

L'Émir a toujours fait preuve, en effet, dans toutes ses relations, même avec l'ennemi, d'une noble et scrupuleuse loyauté. Quoi qu'en aient pu dire dans le trouble de la lutte des esprits prévenus, il est aujourd'hui avéré qu'il s'est, en toutes circonstances, loyalement conduit envers ses adversaires. Ses paroles et les faits sont là pour le constater.

---

[1] Relation d'un séjour au camp de l'Emir, par MM. Manucci et de Lacroix.

Dans les conflits les plus violents, il a toujours pris soin d'avertir avant de frapper, et on n'a jamais pu lui rien reprocher qui ressemblât non seulement à une trahison, mais même à une surprise. Quand le maréchal Valée eut franchi les limites fixées par le traité de la Tafna, Abd-el-Kader lui déclara solennellement que, le traité étant rompu, il eût à se tenir sur ses gardes, attendu que les hostilités allaient recommencer plus terribles que jamais; et ce n'est qu'après cette formelle déclaration de guerre qu'il se prépara à marcher sur Alger.

Un trait peindra mieux que toutes les paroles la scrupuleuse délicatesse qu'il apportait dans toutes ses transactions.

Pendant cette trêve de deux années, l'Émir avait, avec l'agrément du gouverneur général, engagé à son service des ouvriers français qui, moyennant 3,000 fr. par tête, devaient exécuter certains travaux importants dans ses villes de nouvelle création. La guerre se rallumant inopinément, les ouvriers suspendent leur ouvrage inachevé et demandent à retourner vers leurs compatriotes. Non seulement Abd-el-Kader y consent à l'instant, non seulement il leur donne un sauf-conduit et une escorte pour les protéger au milieu des tribus soulevées de toutes parts, mais il leur fait compter la somme entière qui avait été fixée, et leur paie ainsi les travaux qui n'étaient pas faits.

Au moment où l'Empereur du Maroc commençait à se montrer hostile à son égard, Abd-el-Kader, qui n'avait plus que cet empire ou le désert pour abriter sa Deïra, et qui voyait le premier de ces deux asiles suprêmes prêt à se fermer sans merci, voulut, avant d'entrer en lutte avec son ancien allié, le prévenir qu'il ne combattrait qu'à la dernière extrémité, mais qu'il combattrait à outrance, et il lui écrivit ce peu de mots, qui respirent à la fois une noble résignation et une héroïque fierté :

« Je vous demande la permission d'a-
» cheter la nourriture pour les fidèles Mu-
» sulmans qui suivent mes pas, et, quand
» le temps du jeûne sera terminé, j'irai
» chercher un refuge là où je ne pourrai
» être cause d'aucun malheur, si l'on veut
» appeler malheur la guerre contre les en-
» nemis de Dieu.

» Mais, si vous étiez sourd à la raison en
» vous alliant à l'Infidèle pour m'attaquer,
» je vous le déclare, vos sujets devien-
» draient mes sujets, et vos soldats mes
» soldats. »

Ce langage était clair et franc, et, si la prophétie se fût réalisée, — et il s'en est fallu de bien peu, — c'eût été de bonne guerre, et nul n'aurait eu le droit de s'étonner ou de se plaindre.

Le dévoûment d'Abd-el-Kader à son pays n'a pas besoin d'être peint. Sa vie tout entière le proclame assez haut. Il a porté le patriotisme aussi loin que jamais homme l'ait pu porter. Sa sollicitude pour sa famille, son pieux respect pour la mémoire de son père, et surtout sa tendre vénération pour sa mère, qui sont encore l'un des traits les plus saillants et les plus nobles de ce grand caractère, se confondaient pour lui dans l'amour de la patrie. Il aurait pu prendre pour devise le beau mot de Fénélon : « J'aime ma famille plus que moi-même, mais j'aime encore mieux ma patrie que ma famille. »

Hélas ! pourquoi n'était-il pas chrétien, pour pouvoir achever le mot de l'éloquent prélat, et dire avec lui : « et j'aime encore mieux l'humanité que ma patrie. »

Mais, par dessus tous ces sentiments et toutes ces qualités qui produisirent par leur merveilleuse réunion le héros de l'Algérie, il y a chez lui un sentiment qui les domine, les explique, les complète et les résume tous, c'est le sentiment religieux. Le monde entier sait quelle puissance, quelle élévation, quelle ferveur, ce sentiment sublime a communiquées à cette âme de feu.

C'est là qu'il faut aller chercher le secret de toutes ses actions. Son héroïque carrière n'a été, de la première à la dernière heure, qu'une offrande ou un sacrifice à Dieu. Il serait superflu de chercher à retracer ici le tableau de cette foi si vive et si féconde. Il se trace lui-même trait par trait dans chacune des pages de son histoire.

Après avoir étudié le portrait moral, esquissons en quelques lignes le portrait physique. Il y a toujours un reflet de l'un sur l'autre.

Abd-el-Kader a l'un de ces visages qui frappent et qui attirent dès le premier regard, plus encore par le rayonnement de l'âme que par l'éclat de la beauté. Il rappelle vaguement la belle figure traditionnelle du Christ. La douceur mélancolique et le caractère profondément ascétique empreints sur tous ses traits lui donnent un charme indicible et inspirent un respect mêlé de sympathie. Son front est large et plein de pensées ; ses yeux, bleus avec des reflets noirs, sont grands et admirablement taillés, pleins d'expression et de feu, tantôt mobiles, tantôt rêveurs sous leurs longs cils d'ébène; son teint, d'un blanc mat, est toujours pâle; sa barbe, noire et brillante, fait ressortir la finesse et la pureté de lignes du beau type arabe. Sa taille est moyenne, mais bien proportionnée; son port est plein de dignité, sa démarche est grave, et ses gestes rares. Ses manières sont d'une politesse exquise et souvent affectueuse. Sa physionomie, son maintien, tout en lui respire la douceur, la sérénité, la noblesse et la majesté. A travers ce burnous d'une blancheur éblouissante et d'une royale simplicité, à travers ce visage si fascinateur et si calme, depuis la plante des pieds jusqu'à la pointe des cheveux on voit l'âme et on sent la race. En regardant ces mains si fines et si blanches, on s'étonne qu'elles aient pu tenir si long-temps et si vigoureusement le glaive des combats, mais on devine qu'elles ont su commander. En voyant cette belle tête méditative, légèrement inclinée sur l'épaule gauche, et couronnée de cet austère capuchon de laine, on croirait voir revivre une de ces têtes de moines du moyen âge, mais de ces moines Croisés, tels qu'on les voyait sur les murs de Jérusalem ou de Malte, de ces moines guerriers qui passaient de l'agitation des camps à la paix du cloître, et qui avaient derrière eux soixante aïeux ou soixante victoires.

Abd-el-Kader parle peu, mais, quand il parle, on reconnaît à l'instant le grand orateur. Sa parole est vive et facile, sa voix vibrante et sympathique. Et plus d'une fois en voyant ses lèvres s'ouvrir pour donner passage à quelques unes de ces subites révélations d'une haute intelligence et d'un noble cœur, on s'est pris involontairement à le comparer au grand orateur catholique qui, comme lui, a livré tant de batailles, et qui, comme lui, les a toutes livrées au nom de la foi.

L'œil de feu, le regard d'aigle, chaque ligne du visage empreinte de génie, l'énergie tempérée par la suavité, la force voilée par la grâce, l'éclat de la parole et jusqu'à la couleur de l'habit, sont autant de traits de ressemblance entre les deux vaillants champions qui, entrés en lice presqu'à la même heure, mais dans des arènes bien différentes, ont combattu pour la religion avec le plus d'audace et d'éclat.

Ne poussons pas plus loin ce parallèle, qui séduit d'un côté, mais qui pèche de l'autre, et gardons-nous, quelque admiration qu'ils méritent tous deux, de mettre sur le même plan le défenseur de la Croix et le défenseur du Croissant.

Il est un autre rapprochement que l'on a fait souvent et que nous ne pouvons omettre ici. On a appelé Abd-el-Kader le Napoléon du désert.

Cette comparaison entre le héros de la France et le héros de l'Afrique offre des traits saisissants, de merveilleuses similitudes et des sujets de sérieuse méditation.

Napoléon domina son époque et sa nation par le double génie qui fait les fondateurs d'empire : le génie de la guerre et le génie de la création. Savoir fonder et savoir défendre son œuvre, c'est là le secret de la puissance et de la grandeur.

Abd-el-Kader tout entier est dans ces deux mots : créateur et guerrier. Le théâtre fut moins grand, les proportions moins vastes, les circonstances moins heureuses ; il n'avait sous sa main que des éléments rebelles et barbares. Mais changez le théâtre, faites naître le grand homme au milieu d'un grand peuple, mettez dans sa main, au lieu de tribus sauvages, la première des nations civilisées, et puis mesurez l'œuvre de cet étonnant génie.

L'un et l'autre sont sortis des bouleversements de la patrie pour la relever et la sauver. Le jeune et brillant Sultan des Arabes, comme l'immortel Empereur des

Français, n'a détrôné que l'anarchie.

Chose étrange ! tous deux, recevant de la guerre le baptême de la gloire, placés par le monde entier au premier rang des grands capitaines, étaient plus organisateurs encore que guerriers, et se sont montrés peut-être plus étonnants et plus admirables par leurs créations que par leurs victoires. Le champ de bataille les a dévorés en les immortalisant, et ils n'ont pu qu'ébaucher en courant le grand édifice auquel ils voulaient consacrer leur génie et leur vie. Ils rêvaient les bienfaits de la paix en cueillant malgré eux les lauriers de la guerre. Napoléon, comme Abd-el-Kader, — et l'histoire le dira de jour en jour plus haut, — n'a combattu que par nécessité : sans cesse attaqué, il a fallu qu'il eût sans cesse l'épée à la main. Son éblouissante carrière militaire n'a été, comme celle du héros africain, qu'une immense guerre défensive.

La volonté fait le fond du caractère de

Napoléon comme de celui d'Abd-el-Kader. L'énergie et la promptitude dans l'action, la netteté et la rapidité dans le coup d'œil, la constance et la fermeté dans les revers, sont les traits frappants de ces deux grandes figures.

Toujours maîtres d'eux-mêmes, ils ont eu au suprême degré le don si rare du commandement, et ont exercé autour d'eux cette fascination magique, plus rare encore, qui en a presque fait des demi-dieux. Des populations entières leur sacrifiaient avec amour les biens les plus chers ; une de leurs paroles, un de leurs regards, faisait oublier la souffrance ou voler à la mort avec joie. Pour eux l'enthousiasme a été jusqu'au culte, le dévoûment jusqu'au martyre, et ils ont trouvé dans le malheur des serviteurs et des amis aussi empressés et aussi fervents que dans la fortune.

Courageux tous deux, héroïques tous deux, ils ont toujours partagé les périls, les douleurs et les fatigues de leurs soldats.

Simples dans leur vêtement, sobres dans leur nourriture, laborieux comme leurs plus humbles sujets, infatigables comme leurs plus ardents coursiers, ils voulaient, avant tout, se distinguer par leur dévoûment à la patrie, et ne voyaient dans la puissance qu'un plus grand labeur et de plus austères devoirs.

L'éloquence compléta la magnifique dotation que les deux héros avaient reçue du Ciel. Napoléon gagnait des batailles avec un souffle de ses lèvres, et sa parole n'avait rien à envier à son épée. Abd-el-Kader a montré pendant quinze ans que c'est là vraiment la première puissance de l'homme, et qu'on en connaît le prestige sous la tente du désert comme au sein des splendeurs de la civilisation.

Le sentiment religieux lui-même, qui a fait la force et la gloire d'Abd-el-Kader, a été, dans des jours d'incrédulité, l'immortel honneur de Napoléon, et a inspiré, au milieu des obstacles et des ruines, les actes les plus augustes, les plus courageux et les plus mémorables de son règne. Tous deux avaient compris que la véritable grandeur vient d'en haut, et que l'homme ne s'élève qu'en s'approchant de Dieu. L'un, trouvant jusque dans les erreurs de la religion paternelle les restes féconds d'une sève divine, sut porter à sa plus haute puissance la foi de deux ou trois cent mille croyants, lui fit enfanter des prodiges, et lui consacra ses armes, son sang et sa vie. L'autre, trouvant le Christianisme au ban de sa patrie, replaça sur l'autel les débris sacrés qui gisaient à terre au pied de l'échafaud, et vint, à la face de l'Europe étonnée, incliner sous la main du prêtre et faire sacrer par l'Église son front militaire, deux fois couronné par le peuple et par la victoire.

S'il était permis de poursuivre jusque dans le sanctuaire du foyer domestique l'illustre comparaison, nous verrions les deux guerriers se rencontrer dans la pratique sublime de la première et de la plus douce des vertus de la famillle, et ne permettre ni à la puissance ni à la gloire d'éclipser dans leur cœur la piété filiale.

La destinée elle-même semble avoir voulu ajouter quelques traits éclatants à cet étrange parallèle.

L'un et l'autre ont commencé sur les rivages de la même mer leur gigantesque carrière : Napoléon au siége de Toulon, Abd-el-Kader au siége d'Oran. Tous deux ont passé par la terre d'Égypte avant d'arriver au pouvoir, et ont peut-être trouvé au pied des Pyramides la première marche de leur trône.

La carrière de l'un, il est vrai, n'a été qu'une série d'éblouissantes victoires; la carrière de l'autre, au contraire, n'a été qu'une suite de stériles prodiges : c'est que Napoléon avait les Français pour soldats, et qu'Abd-el-Kader les avait pour ennemis. Mais la gloire est dans l'héroïsme, et non dans le succès.

Par une dernière et saisissante analogie, ces deux carrières, qui s'ouvrirent presqu'aux mêmes bords de la Méditerranée, s'achevèrent presqu'au milieu des mêmes péripéties. Napoléon, luttant contre les forces innombrables de l'Europe coalisée, triomphait encore à l'heure même de sa chute; et quand la victoire se fut changée en désastre, il se trouva que cette dernière journée, qui avait brisé sa couronne, avait encore grandi sa gloire. Abd-el-Kader, au moment suprême, tenant tête à l'Afrique presque entière coalisée contre lui, voit aussi la victoire lui sourire une dernière fois en lui montrant le chemin d'une capitale; et, quand sa vieille garde s'est fait massacrer à ses côtés, quand ses héroïques réguliers ont disparu sous le flot sans cesse renouvelé d'armées se précipitant de tous les bouts de l'horizon, il ne quitte ce dernier champ de bataille qu'après y avoir tracé à la pointe de son glaive la plus belle page peut-être de sa vie militaire.

Le lendemain de ce double Waterloo, les deux glorieux vaincus abdiquaient, et, déposant spontanément les armes, venaient, nouveaux Thémistocles, se confier à la générosité de leur ennemi.

Hélas! le *Bellérophon* et l'*Asmodée* eurent le malheur d'offrir à leurs bords le triste spectacle d'une même hospitalité.

Le demi-dieu de la France trouva à l'extrémité de l'Afrique ce que le héros Africain trouva au sein même de la France : une prison.

Mais arrêtons-nous!.... Le Ciel a voulu que le magnanime héritier de l'un des deux immortels captifs empêchât le parallèle de se continuer jusqu'au bout.

III.

LES PRISONNIERS D'ABD-EL-KADER.

Abd-el-Kader, dont la captivité sera toujours une tache pour ceux qui l'ont fait traîtreusement prisonnier, trouve au contraire dans les prisonniers qu'il a faits l'un des plus beaux titres de sa gloire.

Quel saisissant parallèle on pourrait établir entre ces deux captivités !

Ce qu'il y a d'étrange et d'incontestable, c'est que, si la liberté du noble captif avait été soumise au vote de la France, ses anciens prisonniers eussent été les premiers à lui donner leur voix, et l'on eût vu avec admiration tous ceux qui avaient porté ses chaînes se réunir pour briser à l'instant celles dont on venait de charger ses mains confiantes et désarmées. Il en est qui se sont offerts spontanément pour caution de sa parole et de sa liberté, et, si sa délivrance eût été à ce prix, il n'en est pas un qui eût voulu se soustraire à ce devoir et à cet honneur.

Qui n'a été profondément touché en voyant, au château de Pau et au château d'Amboise, ces braves de tout grade venir, par de nobles et lointains pèlerinages, rendre hommage à leur vainqueur enchaîné ! Et hier, quand Paris tout entier s'associait avec joie à la justice et à la clémence du prince qui venait de le rendre à la liberté, n'avons-nous pas vu les plus illustres d'entre eux, M. le général Courby de Cognord lui-même, accourir le féliciter et presser sa main dans leurs mains émues ?

Quelques uns même, poussant plus loin la reconnaissance et l'admiration, n'ont pas hésité à lui offrir d'être les compagnons de son exil et de le suivre jusqu'en Asie.

Nous devrions nous arrêter là : cet éloge est le plus éloquent et le plus glorieux que puisse recevoir un ennemi vaincu. Il pulvérise toutes les odieuses accusations qui, dans le trouble et l'ardeur de la lutte, avaient tenté d'obscurcir les exploits du héros par un tableau sanglant de froides cruautés et de barbares exécutions. Sur ce point, nous pouvons nous taire : le saint évêque d'Alger et les plus nobles chefs de l'armée française, rendant à quelques uns des fanatiques auxiliaires de l'Emir toute la responsabilité de leurs œuvres, ont vengé son grand nom de ces noires calomnies : leurs paroles ont été enregistrées par l'histoire. Après un tel témoignage, il n'y en a qu'un seul qu'on puisse encore invoquer et qui le surpasse, c'est celui d'Abd-el-Kader lui-même : sa conduite à l'égard des prisonniers français peut servir de modèle à tout guerrier en face de son ennemi désarmé.

Pour nous, nous ne pouvons nous soustraire au désir de citer quelques uns de ces traits, qui suffiraient pour rendre un homme immortel et dont la séduction confond amis et ennemis dans une commune et irrésistible admiration.

Et d'abord, le nom seul de prisonnier est un mot nouveau dans la langue de ces sauvages combattants du désert; à Abd-el-Kader appartient la gloire de l'y avoir introduit. Avant lui leurs prisonniers se comptaient par les têtes qu'ils rapportaient suspendues à la selle sanglante de leurs chevaux; c'étaient leurs trophées de gloire, et chacun de ces trophées se soldait par un riche salaire.

Abd-el-Kader eut le premier la généreuse audace d'abolir, chez ces hordes fanatiques, cette prime du sang chrétien.

Au risque de compromettre sa puissance et sa popularité, il alla jusqu'à substituer le châtiment à la récompense; et le salaire accordé auparavant à chaque tête coupée, il le tripla pour chaque prisonnier qu'on lui amènerait sain et sauf. Un de ses soldats lui ayant demandé avec étonnement ce qu'il donnerait pour un prisonnier fait sur l'ennemi, il répondit :

« Huit douros.

— Et pour chaque tête coupée? ajouta le soldat.

— Vingt-cinq coups de bâton sous la plante des pieds », reprit tranquillement l'Emir. »

Ce mot devint une loi sans appel.

Une telle révolution dans les mœurs militaires des Arabes faillit causer un soulèvement général contre le jeune et chevaleresque Sultan. Il assemble un conseil formé de tous les khalifas et des principaux chefs de tribus, il les électrise par un discours qui restera un des beaux monuments de sa magnanimité, et les contraint à sanctionner et à publier dans toute l'Algérie le décret ainsi conçu :

« *Tout Arabe qui amènera vivant un soldat*

français ou chrétien recevra pour récompense la somme de huit douros, etc.

« *Tout Arabe qui aura un Français en sa possession sera tenu de le bien traiter et de le conduire, le plus promptement possible, soit devant le khalifa, soit devant le Sultan lui-même.*

» *Dans le cas où le prisonnier aurait à se plaindre de mauvais traitements, l'Arabe n'aura droit à aucune récompense.* »

De ce jour, le respect et le soin des prisonniers remplacèrent dans toute l'armée musulmane les massacres quotidiens qui s'y commettaient sous la double consécration de la loi religieuse et de la tradition séculaire.

Parmi les plus merveilleux effets de cette loi nouvelle, qui ne se rappelle avec émotion le nom du trompette Escoffier? L'acte par lequel il avait arraché le capitaine de Cotte aux mains des Arabes, en lui donnant son propre cheval et en se sacrifiant héroïquement pour lui, devait lui mériter cent fois la mort aux yeux de tels ennemis en proie à la déception et à la fureur. Eh bien! Abd-el-Kader, absent, fut assez puissant pour le protéger, et leur rage céda à son inexorable clémence.

Maintenant, veut-on savoir comment ces prisonniers, si miraculeusement soustraits au massacre du champ de bataille, étaient traités dans le camp des Arabes? Qu'on lise les mémoires du brave Escoffier. Quelle scène que celle où l'Emir, après lui avoir témoigné la plus paternelle sollicitude, attache de ses mains sur la poitrine du soldat français la croix de la Légion-d'Honneur! et cette croix, c'est pour le récompenser d'avoir arraché aux Arabes l'une de leurs plus belles captures!....

Appelez, les uns après les autres, tous les prisonniers d'Abd-el-Kader; interrogez chacun d'eux depuis les plus obscurs jusqu'aux plus célèbres, et leur réponse unanime vous saisira d'enthousiasme et d'admiration. Qui ne connaît les récits émouvants de M. le colonel de Mirandol, de M. l'intendant Massot, de M. le capitaine Morisot, racontant les jours de leur captivité ?

Voici les paroles écrites de la main du capitaine. Après avoir raconté la lutte dans laquelle il fut blessé et pris, il s'exprime ainsi : « Quelques heures après, je me réveillai au camp de Sidi-Embarack-Ben-Allal. J'avais peine à me rendre compte de ce qui m'était arrivé : j'avais encore mes épaulettes, ma croix d'honneur; on ne m'avait rien pris ; j'étais à l'abri d'une tente, sur une espèce de matelas, entre deux burnous disposés en guise de draps, un tapis à côté de moi, avec une gargoulette pleine d'eau, des citrons et du sucre.

» Je demandai le khalifa; il vint aussitôt et s'empressa de me consoler de son mieux. «Ne craignez point, me dit-il avec bonté, il ne vous sera fait ici aucun mal. Votre cheval n'est pas mort non plus; on en prendra soin, et il vous sera rendu. Dès que vous serez en état de vous tenir sur une mule, vous choisirez celle de toutes les nôtres dont l'allure vous paraîtra la moins fatigante, et, à petites journées, vous vous acheminerez vers l'intérieur, suivant les ordres du Sultan ; vous y serez moins mal qu'ici. »

Le noble captif couronne par ces remarquables paroles l'énumération des soins de toute sorte et des mille attentions dont il ne cessa d'être l'objet :

« C'est ainsi qu'à lentes journées, je m'acheminai vers le lieu assigné pour ma résidence; *j'y reçus un accueil non moins surprenant de la part d'un ennemi généreux et trop peu connu.* »

Nous nous reprochons de mutiler ces éloquents tableaux ; il faudrait suivre le capitaine Morisot dans les moindres détails de cette touchante narration pour se faire une idée exacte de la façon dont l'Emir s'efforçait d'adoucir le sort de tous ses prisonniers. Qu'il nous suffise de dire que ce brave officier fut nommé par lui *Comman-*

dant de ses compagnons de captivité, avec la charge spéciale de veiller lui-même à ce qu'ils fussent toujours bien traités par les Arabes commis à leur garde.

Non content de faire nourrir et vêtir aussi bien qu'il le pouvait ses nombreux captifs, le généreux vainqueur leur faisait souvent faire en secret des distributions d'argent, afin qu'ils pussent se procurer des adoucissements qu'il n'eût pu leur accorder directement sans exciter les murmures des Arabes, bien souvent soumis eux-mêmes à de plus rudes privations.

Qu'aurait fait de plus un chevalier?

Pour Abd-el-Kader, nos soldats n'étaient vraiment plus des prisonniers; c'étaient des hôtes. Il semble qu'avec eux il veuille oublier les lois de la guerre pour ne se souvenir que de celles de l'hospitalité.

Ecoutons maintenant le fier disciple du Coran recevant deux prisonniers que venaient de faire ses réguliers : « Sultan, nous voulons nous faire musulmans; nous sommes prêts à faire profession de ta religion. »

« Si c'est de bonne foi, c'est bien ! leur
» répond-il. Si c'est par une frayeur exa-
» gérée de votre nouvelle position, c'est
» mal ; ne le faites point.

» Ne craignez point, d'ailleurs, qu'il
» tombe, par mes ordres ou moi le sa-
» chant, un seul cheveu de votre tête par-
» ce que vous êtes et resterez chrétiens.

» Considérez plutôt ce qui vous arrive-
» rait si jamais vous retourniez vers les
» Français, si vous veniez à tomber entre
» leurs mains, après avoir renié votre foi.
» Ne seriez-vous pas traités, s'ils le sa-
» vaient, comme de coupables déserteurs ?
» Et, si quelque échange de prisonniers
» avait lieu, pourriez-vous espérer d'en
» faire partie et de revoir jamais vos frè-
» res ? »

Et ce n'est pas une seule fois qu'il tint ce langage sublime et qu'il épargna à des chrétiens la honte d'une lâche apostasie.

Un jour Escoffier, bondissant à ce seul mot d'apostasie, s'écriait : « Pour moi, je ne serai pas plus parjure à ma religion qu'à mon pays ; on peut me couper la tête, mais me rendre renégat, jamais ! »

Abd-el-Kader, souriant de ce noble emportement, lui dit : « Sois tranquille, ta
» vie est sacrée pour moi, et j'aime à t'en-
» tendre parler ainsi. Tu te conduis en
» brave, et tu mérites mon estime. J'ho-
» nore plus encore le courage dans la foi
» que le courage dans la guerre. »

Un illustre chef marocain, qui était venu visiter l'Émir, voulut voir les prisonniers français. Ayant remarqué notre brave qui portait sa trompette en sautoir, il le fit inviter à jouer une fanfare. Escoffier sonna la charge. Le chef demanda la signification de cet air.

« Réponds au chef marocain, dit Escoffier à l'interprète, que, lorsqu'il entendra cette musique, il n'aura rien de mieux à faire que de tourner bride et de s'enfuir au galop. »

L'officier de l'Empereur, blessé de cette réponse, demanda à faire administrer au musicien français cent coups de bâton sous la plante des pieds. Mais Abd-el-Kader refusa formellement, en disant qu'il était de son devoir de se montrer généreux envers des prisonniers.

L'Emir non seulement mettait sans cesse en pratique ces nobles sentiments de clémence et d'humanité, mais il les inspirait et les propageait autour de lui. Quelques uns de ses chefs s'y résignaient avec peine, d'autres s'y associaient spontanément et avec joie. Tel fut Sidi-Embarack, brillant reflet de l'âme de son maître; tel fut Bou-Hamedi, qui grâciait les prisonniers déserteurs, et qui méritait que les prisonniers délivrés s'unissent pour lui offrir des pistolets d'honneur.

Mais nul n'a surpassé, dans cette généreuse sollicitude, dans ce pieux soulagement de la captivité, le cœur maternel de Lellazohra.

Interrogeons d'abord un narrateur qui n'est pas suspect de partialité en faveur d'Abd-el-Kader, l'historien des héroïques vaincus de Sidi-Brahim [1]. Après avoir raconté les sanglants épisodes de ce terrible combat, il nous montre la troupe des malheureux prisonniers français faisant, avec son chef, M. Courby de Cognord, son entrée à la Deïra. Il s'exprime ainsi :

« Mohamed, le commandant, conduisit les officiers vers une grande tente entourée d'un buisson d'épines fort élevé : c'était là qu'habitait la mère d'Abd-el-Kader. Après les saluts d'usage, elle prit la parole, et, rappelant avec dignité les événements qui venaient de se succéder, elle s'écria :

« Qu'êtes-vous venus faire dans notre » pays? Il reposait calme et prospère, et

---

[1] M. le capitaine d'état-major Schmitz.

» vous y avez jeté les orages et la désolation
» de la guerre! C'est la volonté de Dieu qui
» s'accomplit, mais ce Dieu est tout-puis-
» sant et ses desseins sont impénétrables....
» Peut-être vous rendra-t-il, en un jour de
» pardon, à votre pays et à vos familles. »

» Ses dernières paroles furent toutes de consolation et d'espérance; elles produisirent sur les captifs une vive impression. Ce langage à la fois digne, austère et passionné, révélait la mère du chef aimé des musulmans. L'espoir entra dans leur âme. Tout, dans la mère d'Abd-el-Kader, commandait le respect. Sa voix avait un accent sympathique qui rapprocha d'elle les cœurs déchirés par la douleur.

» Après cette présentation et le repas qui la suivit, Mohamed conduisit ses prisonniers vers une sorte de dais circulaire en bois, soutenu par un pilier et orné de franges, sous lequel étaient assemblés des vieillards, au milieu desquels on reconnaissait Ben-Arrach, le trésorier de l'Émir;

il avait à la main un koran richement reliéet doré sur tranches.

» Leur accueil fut grave et imposant, bienveillant cependant, car ils confirmèrent les bonnes intentions déjà manifestées. »

Pourquoi ne pas citer encore les paroles textuelles d'un autre témoin oculaire ?

« Quant aux prisonnières, elles habitent une tente particulière tout auprès de celle de la mère de l'Emir. Deux nègres esclaves, appartenant exclusivement à cette femme vénérée, veillent à l'entrée, et personne n'y peut pénétrer sans son ordre.

» Sa bonté touchante pour les prisonnières la fait regarder par elles comme leur mère. C'est une chose vraiment admirable que l'attention et la prévoyance dont elle les entoure.....

» Celles-ci, à leur tour, témoignent autant qu'elles le peuvent leur reconnaissance pour tant de bienfaits, par ces petits services qu'une femme seule peut rendre : la plupart mettent à la disposition de leur bienfaitrice leur talent pour la couture ; elle accepte presque toujours, mais ce n'est que pour dissimuler un nouveau bienfait sous l'apparence d'un salaire [1]. »

On reconnaît à ce dernier trait la femme qui a donné le jour à Abd-el-Kader, qui a veillé sur son berceau, et qui, aujourd'hui, porte sur ses cheveux blancs la plus belle auréole de respect et de tendresse dont la piété filiale puisse orner le front d'une mère.

C'est toujours avec peine qu'Abd-el-Kader voyait s'accroître le nombre des prisonnières. Il souffrait de voir les femmes victimes du sort des armes. Un jour, dit M. le général Daumas, ayant reçu quatre jeunes chrétiennes que les cavaliers d'un

---

[1] Relation d'un séjour au camp de l'Emir, par MM. de Lacroix et Manucci.

de ses khalifas lui amenaient comme une brillante capture, il dit froidement : « Il y » a des lions qui font leur proie d'animaux » faibles ; il en est d'autres qui s'attaquent » à des animaux redoutables. »

Tous ces nobles récits s'effacent pourtant devant une scène qui eut pour théâtre la tente de l'Emir lui-même. Cette tente, sacrée pour tout Musulman, illustre pour toute la terre, servit un jour à abriter et à consoler les dernières heures d'un brave. Ce guerrier, frappé mortellement sur le champ de bataille, transporté, par ordre d'Abd-el-Kader, sur sa propre couche, entouré, pendant plusieurs jours et jusqu'à son dernier soupir, de tous les soins et de toutes les douceurs qui peuvent remplacer la famille et la patrie absentes, qu'était-il? qu'avait-il fait qui lui valût tant de sollicitude et un si rare honneur? Ce qu'il était?.. un soldat français! Ce qu'il avait fait?... trois fois il avait blessé l'Emir, trois fois il avait failli arracher la vie à celui qui vient, en retour, de tout faire pour la lui sauver. Où trouver une plus auguste, et, selon l'expression saintement audacieuse du moderne Augustin, une plus *chrétienne* façon de se venger?

Il nous reste à voir le prélat et le guerrier luttant d'héroïsme et de magnanimité. Heureusement l'Eglise de France avait là pour la représenter un apôtre qui joignait un cœur de saint à une âme de feu. Celui qui portait la croix sur ce sol brûlant ne devait ni reculer ni pâlir devant celui qui tenait d'une main si mâle et si fière le drapeau du Prophète.

Une scène digne des siècles héroïques, ou plutôt des plus beaux siècles chrétiens, va se dérouler sous nos yeux. Elle s'ouvre par un tableau palpitant.

Il est nuit; une effroyable tempête mugit de toutes parts. Une jeune femme éplorée, tenant un enfant entre ses bras, vole vers l'évêque, le conjurant, par toutes les puissances du ciel et de la terre, de leur rendre, à elle son époux, à sa fille son père, qui vient de tomber aux mains des Arabes et qu'elle désespère de jamais revoir. Le saint pasteur, ému, ne calcule ni les obstacles ni les périls ; il ne veut examiner ni la portée ni l'impuissance d'une démarche sans exemple; il ne voit que des larmes. Ministre de la paix, il entrevoit une victime à arracher aux rigueurs de la guerre. Qu'importe qu'il ait contre lui toutes les chances humaines? Il lève son regard vers le ciel, il prend la plume et il écrit au bruit de la tempête :

« Tu ne me connais pas, mais je fais
» profession de servir Dieu et d'aimer en
» lui tous les hommes, ses enfants et mes
» frères.

» Si je pouvais monter à cheval sur-le-
» champ, je ne craindrais ni l'épaisseur
» des ténèbres ni les mugissements de la
» tempête; je partirais, j'irais me présen-
» ter à la porte de ta tente, et je te dirais,
» d'une voix à laquelle, si on ne me trompe

» point sur ton compte, tu ne saurais ré-
» sister : Donne-moi, rends-moi celui de
» mes frères qui vient de tomber entre tes
» mains guerrières... Mais je ne peux par-
» tir moi-même.

» Cependant, laisse-moi dépêcher vers
» toi l'un de mes serviteurs, et suppléer,
» par cette lettre écrite à la hâte, à ma pa-
» role que le ciel eût bénie, car je l'implore
» du fond de mon cœur.

» Je n'ai ni or ni argent, et ne peux
» t'offrir en retour que les prières d'une
» âme sincère et la reconnaissance la plus
» profondément sentie de la famille au nom
» de laquelle je t'écris.

» Bien heureux les miséricordieux, car,
» un jour, il leur sera fait miséricorde à
» eux-mêmes ! »

A cette admirable lettre de l'évêque, l'Emir répondit sur l'heure par cette lettre sublime :

« J'ai reçu ta lettre ; je l'ai comprise ;
» elle ne m'a pas surpris d'après ce que

» j'avais entendu dire de ton caractère sa-
» cré... Pourtant, permets-moi de te faire
» remarquer qu'au double titre que tu
» prends de serviteur de Dieu et d'ami des
» hommes, tes frères, tu aurais dû me de-
» mander, non la liberté d'un seul, mais
» bien plutôt celle de tous les Chrétiens qui
» ont été faits prisonniers depuis la reprise
» des hostilités.

» Bien plus, est-ce que tu ne serais pas
» deux fois digne de la mission dont tu me
» parles, si, ne te contentant pas de pro-
» curer un pareil bienfait à deux ou trois
» cents Chrétiens, tu tentais encore d'en
» étendre la faveur à un nombre corres-
» pondant de Musulmans qui languissent
» dans vos prisons ?

» Il est écrit : Faites aux autres ce que
» vous voudriez qu'on vous fît à vous-
» même ! »

C'est ainsi que jaillit de ce cœur, où la générosité l'emporte encore sur le courage, la première idée de ce magnifique et touchant échange de prisonniers, jusque alors inouï dans les annales africaines. C'est à l'appel éloquent et réitéré de cette voix qu'il s'accomplit en provoquant les bénédictions de la France attendrie et les applaudissements de l'Europe attentive.

Nous renonçons à décrire cette scène, qui vit encore dans toutes les mémoires émues, et qui restera toujours le plus bel épisode de cette héroïque et gigantesque lutte.

Le nom de Sidi-Klifa et la date du 21 mai 1841 sont désormais ineffaçables.

Le cœur de l'Emir et le cœur de l'évêque s'y sont rencontrés et révélés d'une façon qui fera l'admiration de l'histoire, et dès cette heure on put pressentir que ces deux hommes ne devaient pas mourir dans deux camps hostiles.

Pour peindre ces deux nobles natures et pour immortaliser la date qui les a vues se rencontrer dans une pensée sublime, il suffirait d'un trait :

Au moment de l'échange, quand les prisonniers arabes entouraient l'évêque de toute l'effusion de leur reconnaissance, ce n'était pas seulement de la liberté qu'ils le remerciaient : plus d'un lui devait la vie de sa femme et de son enfant; et tous, avec l'éloquence du cœur et des larmes, racontaient à leurs frères retrouvés comment le charitable prélat avait arraché du sein de trop étroits cachots les infortunées prisonnières et leurs enfants ; comment il leur avait donné une de ses églises pour demeure; comment les tapis de sa cathédrale leur avaient servi de couche ; comment, enfin, des chèvres de Malte, aux mamelles intarissables, avaient suppléé au sein maternel tari par la douleur et la misère.

Or le lendemain de l'échange, quand on demandait à l'évêque quels riches présents, quels ardents coursiers, quels brillants écrins l'Emir lui avait donnés en mémoire de cette heure solennelle, des pleurs mouillaient ses paupières, et il montrait un magnifique troupeau de chèvres suivies de leurs chevreaux et *destinées à nourrir les petits orphelins chrétiens.*

Plus d'une main mutilée par le fer ou noircie par le feu des combats a été obligée d'essuyer une larme en lisant ces lignes :

« Je t'envoie un troupeau de chèvres
» avec leurs petits, qui tettent encore leurs
» mamelles pendantes ; avec elles tu pour-
» ras nourrir les petits enfants que tu as
» adoptés et qui n'ont plus de mère. Dai-
» gne excuser ce présent, car il est bien
» petit. »

De tels actes et de telles paroles ne se commentent pas ; partis du cœur, ils vont droit au cœur, et l'on n'a ni le courage de les analyser, ni le pouvoir de décider de quel côté se trouve le plus de délicatesse ou de grandeur.

Le noble Sidi-Embarack, qui avait écrit cette lettre au nom de son maître, était vraiment digne de représenter l'Emir dans cette généreuse négociation. Le choix seul de l'ambassadeur honorait le caractère d'Abd-el-Kader. Le jour même de l'échange, il avait dit à l'évêque, en recevant le présent que Sa Grandeur lui offrait : « Le présent le plus agréable pour moi en ce moment, c'est ton visage, c'est ton cœur ! »

Voici ce qu'il écrivait encore à monseigneur Dupuch : « Nous avons reçu tes lettres. Nous avons reconnu avec bonheur ton amitié et ta véracité. Les quatre prisonniers qui les apportaient sont heureusement arrivés. Il nous reste à te prier de t'occuper de ceux qui sont à Alger ou ailleurs, et surtout de Mohamed Ben-Moktar.

» Les parents, les amis de ces pauvres prisonniers étaient venus avec nous le jour où nous nous sommes si doucement rencontrés. Quand ils ont vu que ceux qu'ils aiment n'y étaient pas, ils se sont mis à pleurer; mais quand ils ont su ce que tu nous avais promis, quand ils ont vu ton écriture, ils se sont réjouis; l'amertume de leur douleur s'est changée en joie, persuadés qu'ils les reverront bientôt, *puisque tu l'as dit.*

» Nous t'écrivons ceci, parce que tous les jours ils viennent pleurer à la porte de notre tente. Pour nous, nous te connaissons, et nous savons bien qu'il n'est pas nécessaire que nous te fassions de nouvelles recommandations : nous savons qui tu es, et *que ta parole d'évêque est sacrée.*

» Nous t'envoyons la femme, la petite fille et les prisonniers chrétiens restés en arrière à Tekedempt ou chez Miloud-ben-Arrach. Quant au capitaine, au reïs et aux autres prisonniers chrétiens qui sont avec lui, sois sans inquiétude sur eux : ils sont tous en sûreté, sous la garde de Dieu. Sans la sortie du général et du fils du Roi, ils seraient déjà montés vers toi avec les autres. La guerre seule nous empêche encore de te les envoyer, mais bientôt tu les auras tous.

» Je t'adresse, en attendant, le sauf-conduit dont tes amis pourraient avoir besoin. »

Hélas ! cet échange de prisonniers fut le seul. Il semble que cette scène était trop belle pour ne pas rester unique dans l'histoire. Pourtant de nouveaux prisonniers vinrent bientôt remplacer de part et d'autre ceux qui avaient si joyeusement retrouvé la liberté et revu la patrie. Si de nouveaux échanges n'eurent pas lieu, ce ne fut la faute ni de l'émir ni de l'évêque. Abd-el-Kader tint à honneur de prendre, comme la première fois, l'initiative d'une offre généreuse, et si ses propositions réitérées restèrent sans effet, si de malheureux Français languirent et moururent dans les fers quand la liberté leur tendait les bras... ce n'est pas dans le désert qu'il faut aller en chercher la cause, c'est dans la capitale de la civilisation.

Dans son impuissance à satisfaire son noble désir de briser les chaînes de tant de captifs, l'Emir, voulant du moins rendre aussi heureux que possible ceux qu'il ne pouvait rendre libres, conçut une pensée et fit à l'évêque une proposition qui étaient dignes du cœur de saint Louis... Il demandait à Mgr Dupuch de lui députer un de ses prêtres investi de toute sa confiance pour être dans son camp l'AUMÔNIER DES PRISONNIERS FRANÇAIS.

« Il ne manquerait de rien auprès de
» moi, lui écrivait-il ; j'aurais soin qu'il
» fût honoré et respecté de tous parmi
» nous, comme il conviendrait à son dou-
» ble caractère d'homme consacré à Dieu
» et de votre représentant. Il prierait cha-
» que jour avec les prisonniers ; il les con-
» solerait ; il pourrait correspondre avec
» leurs familles, et par ce moyen leur pro-
» curer de l'argent, des vêtements, des
» livres, en un mot tout ce qu'ils pour-
» raient désirer qui adoucît pour eux les
» rigueurs de la captivité. Seulement, en
» arrivant et une fois pour toutes, il pro-
» mettrait de ne jamais révéler dans ses

» lettres ni mes campements, ni le reste
» de mes opérations de guerre. »

En lisant ces lignes, qui devraient être écrites en lettres de diamants, on se demande si c'est le fils de la reine Blanche ou le fils de Mahomet qui les a tracées. Quel cœur que celui qui est capable de concevoir de tels projets et d'avoir une telle foi dans la loyauté d'un ennemi ! Quelle idée on doit avoir de celui qui, n'étant pas chrétien, a une telle idée du caractère de prêtre ! Que de chrétiens auraient à rougir devant une telle leçon !

Le croirait-on ? cette offre, d'une magnanimité peut-être sans exemple, accueillie avec transport par l'apôtre de l'Algérie, fut repoussée par les hommes du pouvoir !... Il semble qu'il y eût alors comme un interrègne des nobles instincts dans cette France qui en avait toujours été le trône et le berceau. Ils y vivaient encore, mais ils n'y régnaient plus. La tête y comprimait le cœur.

Les généreuses inspirations d'un chevaleresque adversaire ne rencontrèrent au sommet de la première des nations qu'une politique mesquine et tortueuse, et vinrent se briser contre le masque métallique derrière lequel s'abritait un pouvoir né d'un bâtard alliage.

Pour rencontrer, dans la France qu'il combattait, le caractère de grandeur que, plus que tout autre, il était en droit d'en attendre dans une semblable lutte, Abd-el-Kader apparut trop tôt ou trop tard. Plus tôt, il eût trouvé en face de lui l'auguste nom de Bourbon, qui à toutes ses vieilles gloires a joint la gloire d'avoir planté le premier le drapeau chrétien en Algérie. Plus tard, il se fût mesuré avec ce nom magique de Napoléon, auquel était réservé l'honneur d'achever cette croisade et de remporter la dernière victoire qui devait consacrer toutes les autres et faire d'une conquête un royaume. En présence de ces deux grands noms, jamais une grande parole ou une grande pensée ne fût restée sans écho, même au plus fort de la lutte, même à travers la mitraille, et notre glorieux ennemi aurait reconnu plus tôt que la France ne se laisse pas plus vaincre en générosité qu'en bravoure.

Mais alors la France était elle-même captive jusqu'au sein de ses triomphes, et pendant que les mains guerrières de ses fils l'honoraient sur le champ de bataille, d'autres mains étouffaient dans le fond du cabinet, sous des écus et des chiffres, les élans de son cœur...

Abd-el-Kader, après avoir vainement attendu qu'on répondît à ces offres spontanées et qu'on acceptât sa noble et *chrétienne* provocation, ne recula pas devant cette sublime solitude ; il se résigna à être seul généreux, et un jour on le vit donner gratuitement, sans rançon et sans condition, la liberté à tous les prisonniers français qui gémissaient dans son camp, et que le gouvernement de leur patrie refusait de délivrer par échange."

Le colonel de Mirandol, qui était à la tête de ces braves, a, dans une lettre acquise à l'histoire, consigné le récit de sa généreuse délivrance et rendu à l'Emir le plus éclatant hommage, qui n'est, dit-il, qu'*un devoir d'honneur et de reconnaissance.* Toute cette noble lettre se résume dans ces mots ineffaçables qui la terminent :

« Nous avons tous été rendus sans rançon et sans condition. »

Quelles paroles pourrait-on ajouter à ce dernier acte? Abd-el-Kader, au milieu de son camp, soignant paternellement, puis délivrant gratuitement ces malheureux captifs abandonnés, n'est-il pas cent fois plus grand encore qu'au feu du champ de bataille, quand, à la tête d'une poignée de braves fascinés par sa parole et son regard, il tenait tête à toute l'armée française?

Une page funèbre vint pourtant assombrir un jour l'histoire de nos malheureux prisonniers; mais, grâce à Dieu, la lumière de la vérité a désormais éclairci les ombres qui enveloppaient cette heure à jamais déplorable. La France sait aujourd'hui sur qui doit retomber le sang répandu ; elle sait surtout qu'Abd-el-Kader, éloigné de cent cinquante lieues, plus loin encore par le cœur et par la pensée, de cette terrible scène, n'y prit part que par les larmes qu'il versa sur les victimes.

L'absence de l'Emir avait été signalée dans son camp par un acte irréparable de désespoir ; sa présence fut bientôt signalée par un acte réparateur de clémence.

A peine de retour à la Deïra, il fait venir le colonel de Cognord, et, sans traité ni échange, lui accorde la liberté, ainsi qu'à tous les officiers et soldats qui restaient encore dans les fers.

Puis, ayant donné un magnifique cheval au colonel et des burnous à ses officiers, il leur fait reprendre, accompagnés d'un de ses khalifas et d'une brillante escorte, le chemin de la patrie.

Laissons maintenant parler Abd-el-Kader lui-même; il va le faire d'une manière solennelle et péremptoire.

L'Emir avait fait partir avec les prisonniers délivrés un envoyé porteur d'une lettre qu'il devait remettre entre les mains mêmes du roi Louis-Philippe. Or cette lettre a une telle valeur historique et porte avec elle une telle lumière, que, malgré son étendue, nous ne pouvons nous empêcher de la copier presqu'en entier. Peut-être fût-il des jours où l'on eût pu la trouver trop claire; mais aujourd'hui personne ne la trouvera trop longue.

« Louange à Dieu clément et miséricordieux, et que Dieu soit prié pour notre seigneur et maître Mohamed.
» De la part du prince des Croyants, Sid-el-Hadj-Abd-el-Kader-ben-Mahhi-ed-Din, que Dieu le favorise de ses grâces en ce monde et en l'autre, au Sultan des Sultans des Chrétiens..., le chef suprême des armées françaises, le Roi Louis-Philippe, que Dieu facilite

constamment l'exécution de ses projets et de sa puissance *en tout ce qui peut concerner le bonheur de son peuple, et notamment pour élever celui qui suit la bonne voie et abaisser celui qui a des intentions contraires.*

» Salut, bénédiction et miséricorde à celui qui est inspiré des sentiments de vertu...

» Je viens rappeler à votre souvenir que, dès le principe, nous avons accepté avec bonheur la paix; nous avons aussi accepté sans difficultés les conditions que vous nous avez imposées, et nous nous réjouissions de vivre avec vous en bonne intelligence. D'un parfait accord et de bonne foi, notre alliance était bien cimentée, d'autant mieux que votre approbation personnelle consolidait d'une manière durable les traités de paix conclus entre nous. A cela sont venus se joindre des présents de part et d'autre, qui n'ont pu qu'affermir les sentiments d'amitié d'où naît le bien-être général.

» Nous étions dans cette position jusqu'au moment où plusieurs personnes influentes de l'Algérie écoutèrent les idées perfides portant à la perturbation et à la mésintelligence entre nous, au point de nous dépeindre à vos yeux comme répréhensible et coupable, lorsqu'au contraire nous avions lieu de nous plaindre de leur injustice à notre égard.

» Je vous ai écrit maintes fois confidentiellement et officiellement, et toujours mes intentions étaient dénaturées;... de telle sorte que le mal n'a pu que se répandre à grands flots sur la surface de l'Algérie.....

« A la suite de notre dernière expédition dans l'Est, Dieu ayant permis que, dans plusieurs combats, des prisonniers fussent tombés entre nos mains, nous avons été heureux de cette circonstance, puisqu'elle nous permettait de faire un échange. J'ai mûrement réfléchi à ce projet, reconnaissant bien intimement, ce que je vous avoue sincèrement..., *que les Chrétiens sont doués de quatre vertus distinctes : ils sont les plus généreux après les combats ; leur intelligence supérieure domine l'événement malheureux qui les frappe ; ils haïssent et punissent la trahison, et leurs bienfaits sont assurés aux pauvres, orphelins et faibles ; la cinquième vertu, qui est la plus belle, c'est qu'ils ne sont pas opprimés par leurs rois...*

» ... L'année dernière nous n'avions pas pu vous entretenir de la délivrance des prisonniers musulmans qui sont en votre pouvoir, parce que nous n'étions pas en mesure de vous faire une proposition qui pût vous compenser. *Nous avions cependant, les années précédentes, mis en liberté, pour le maréchal Bugeaud, plus de cent prisonniers sans échange.*

» Lorsque nous avons donc eu de nouveau en notre pouvoir un certain nombre des vôtres, nous écrivîmes plus de trois fois à ceux qui vous représentaient pour leur proposer l'échange des prisonniers. Nous n'avons reçu aucune réponse. Tous les courriers porteurs de nos lettres ont été emprisonnés. Nous nous sommes dit : C'est là une trahison que les Français emploient hors d'habitude, lorsqu'ils étaient les premiers à blâmer les autres en pareille circonstance. Il est d'usage immémorial, pourtant, qu'un envoyé porteur d'une missive doit être considéré comme entièrement étranger à toute espèce d'inimitié entre deux adversaires.

» Alors des bruits se répandirent parmi les Arabes ; on a dit : *Les prisonniers français qui ont été enlevés par la force seront enlevés aussi par la force.* Puis vos agents promirent de fortes sommes à celui qui les conduirait aux premiers postes français. Puis ils imaginèrent un autre moyen : ils ont pensé que le Sultan de Fez (l'empereur du Maroc) était à même d'obtenir leur délivrance. Ils ont publié sur notre territoire qu'il était chargé de les délivrer de nos mains et de les envoyer à leurs compatriotes, *malgré notre vouloir.*

» Nous nous sommes dit : Comment est-il possible que les chefs français, guerriers et puissants, ayant une connaissance parfaite des hommes et des choses, puissent avoir de pareilles idées ?...

» En définitive, dans cette circonstance, vos agents sont la principale cause du malheur qui est arrivé, puisqu'ils n'ont pas voulu accepter de propositions d'échange. D'ailleurs les bruits qu'ils ont fait répandre ne conviennent ni à la dignité de votre nation ni à votre propre considération.

» Les actions ou les idées basses de la part d'un homme élevé ne peuvent que l'abaisser.

» ... Nous n'avions établi aucune différence entre les prisonniers et nos troupes en ce qui concerne la nourriture et le couchage; bien plus, ils avaient le privilége d'avoir la viande, le café et autres choses de faveur.

» Dès que nous nous sommes convaincu que parmi leur nombre se trouvaient des chefs appartenant à de bonnes familles, hommes d'honneur, et qui n'ont pas voulu se laisser tenter par la fuite au milieu de leur esclavage, nous avons applaudi à leur conduite, et nous sommes empressé d'ordonner qu'ils fussent traités préférablement à tous autres.....

» Au bout d'un certain temps de captivité, nous avons reconnu parmi eux un sentiment de reconnaissance pour les bienfaits dont nous les avons comblés. Nos gens les plus affidés ont sollicité de nous leur mise en liberté. En nous décidant à leur accorder cette grâce, nous avons voulu le faire en considération de nos frères.....

» Nous les avons donc réjouis en leur accordant la liberté.

» Leur chef (le général de Cognord) a une connaissance parfaite des relations entamées avec vos agents pour leur échange; il sait aussi que nous n'avons reçu aucune réponse à nos lettres, ce qui est cause de la rupture complète du bien-être entre vous et nous.

» Aujourd'hui nous vous écrivons encore, et nous avons choisi, parmi nos plus fidèles serviteurs, le jeune, intelligent et distingué agha Abd-el-Kader-ben-el-Hachmi, qui aura l'honneur d'un entretien avec vous.

» A son retour, s'il plaît à Dieu, nous saurons ce qui devra avoir lieu : car nous ne voulons que le bien du peuple et tout ce qui peut y avoir rapport; nous sommes loin de vouloir le mal et tout ce qui peut s'en suivre.

» Si vous voulez compenser notre bonne action, ce serait d'accorder la liberté de nos prisonniers. C'est ce que nous espérons de votre grandeur et générosité. Nous ne pensons pas que vous refusiez d'adhérer à notre prière pour une réclamation pleine de justice.

» C'est là notre espoir et la confiance que nous avons en vos bons sentiments, en vous écrivant aujourd'hui cette lettre, après avoir agi d'une manière loyale et pleine d'humanité. Nous avons pris l'avance nous-même.....

» Le bien que nous attendons de vous, en compensation du nôtre, est, ce nous semble, une chose due. Quant au mal, nous n'avons pas à nous le reprocher : car nous n'avons jamais voulu que le bien, l'équité et tout ce qui constitue légalement le droit du peuple, basé sur l'usage et la justice.....

Je finis en mettant toute ma confiance en Dieu, que

j'appelle à mon aide, attendu qu'il est le seul dispensateur des vertus et de l'équité.

» Ecrit par ordre du protecteur de la religion, que Dieu élève sa dignité au plus haut degré et prolonge ses jours. »

1ᵉʳ hadji 1262.

Comme les autres, cette lettre resta sans réponse.

Nul prisonnier arabe ne fut rendu en retour des prisonniers français.

Le colonel Courby de Cognord et ses nobles compagnons voulurent du moins envoyer au khalifa d'Abd-el-Kader, à Bou-Hamedi, une paire de pistolets, comme souvenir de la bienveillance et des soins dont ils avaient été l'objet; mais l'autorité supérieure crut devoir s'y opposer.

Ce que l'autorité n'a pu faire, c'est empêcher le soldat français d'apprécier et d'honorer la conduite d'un ennemi généreux; ce qui était hors des atteintes de la politique étroite et mesquine dont la France était alors le théâtre mais non le complice, c'est le souvenir reconnaissant qu'une main bienfaisante et libératrice a laissé dans le cœur de tous ceux dont elle a adouci ou abrégé la captivité. Des centaines de voix se sont élevées de toutes parts pour rendre hommage à celui qui, au milieu des rigueurs de la guerre et des angoisses de la détresse, a toujours uni la clémence au courage, et notre voix n'est que leur écho affaibli.

Maintenant que nous avons vu comment Abd-el-Kader invincible traitait les prisonniers français, nous allons voir comment le gouvernement français a traité Abd-el-Kader volontairement désarmé, et devenu non pas le prisonnier mais l'hôte de la France.

IV

LA CAPITULATION D'ABD-EL-KADER

L'heure approchait où le monde allait voir finir cette gigantesque lutte qui ne s'était prolongée tant d'années qu'à force de prodiges. Ce n'était plus seulement contre la France que l'Emir avait à lutter : le Maroc, détaché de sa cause par la bataille d'Isly, venait de prendre les armes contre lui. Abd-el-Kader, moitié par la parole, moitié par le glaive, avait pourtant lutté avec avantage depuis plusieurs mois contre cette attitude hostile d'un nouvel et puissant adversaire, et son influence grandissait chaque jour chez les tribus marocaines. Mais tout à coup il vit un immense déploiement de forces s'organiser de toutes parts.

D'un côté, l'Empereur envoyait contre lui trois armées commandées par les princes ses fils; de l'autre, les sauvages Kabyles du Riff se préparaient à se jeter sur ses flancs et à *manger* sa Deïra; derrière lui les Français étaient debout et armés, prêts à marcher au premier signal.

Seul, au milieu de tant d'ennemis, Abd-el-Kader s'arrêta un instant, et, avant de tenter un suprême effort, il voulut s'assurer une dernière fois des dispositions de la cour de Fez, et mettre Abd-er-Rhaman en demeure de faire connaître son *ultimatum*. Il lui envoya son fidèle khalifa Bou-Hamedi. L'Empereur fit à l'Emir les offres les plus brillantes; mais, en échange des honneurs et des richesses qu'il lui promettait, il exigeait qu'il déposât immédiatement les armes. En attendant, il retint le khalifa prisonnier.

Abd-el-Kader, indigné de la captivité de son ambassadeur, renvoya, sans daigner leur répondre, les ambassadeurs de l'Empereur, et s'élança sur son cheval de bataille.

Il s'apprête dès lors à se frayer un passage à tout prix les armes à la main. Il envoie en éclaireurs des chameaux chargés de goudron et de matières enflammées, et les lance, au milieu de la nuit, sur l'un des camps marocains. Dénoncé et trahi, il perd en partie l'effet de ce terrible stratagème, renouvelé des guerres de l'antiquité; mais, sans se déconcerter, il tombe avec intrépidité sur le second camp du prince Muley-Mohamed, et lui fait éprouver des pertes énormes. Il allait marcher sur Fez, y délivrer son khalifa, et peut-être y retrouver un trône plus beau que celui qu'il avait perdu, quand arrivent de tous les points de l'horizon à la fois des armées innombrables. Vouloir aller plus avant eût été folie. Que pouvait faire un soldat contre trente? Abd-el-Kader, en face d'ennemis dont la masse seule, sans le secours de leurs armes, offrait un rempart inexpugnable, songe donc à la retraite.

Il contient durant dix jours ce flot sans cesse grossissant. C'était déjà un prodige. Il parvient à ramener sa Deïra jusque sur les bords de la Moulouïa. Le 21 décembre, il s'apprête à la passer. Mais c'est à ce passage d'une nouvelle Bérésina que tous ses ennemis coalisés s'étaient donné rendez-vous pour l'écraser. Tous les camps marocains et toutes les tribus kabyles se précipitent à la fois comme une avalanche et comme un torrent sur cette population fugitive, composée de femmes, d'enfants, de vieillards et de blessés, et protégée seulement par une poignée de guerriers. *Sa destruction*, disent tous les rapports officiels, *semblait inévitable et complète.* Mais Abd-el-Kader est à la tête de cette poignée de braves.

Par un combat acharné qui dure autant que le jour, par un miracle de l'héroïsme et du génie, il refoule les innombrables tourbillons d'ennemis qui se ruaient sans relâche et avec furie sur la Deïra comme sur une proie, et, au prix de la moitié de ses fidèles soldats, il sauve ces derniers et errants débris d'une patrie expirante.

Mais à peine a-t-il mis sa Deïra en sûreté, à peine a-t-il repris pour la vingtième fois le chemin du désert, qu'il s'arrête, et, reconnaissant le doigt de Dieu, il prend la résolution soudaine et spontanée de se rendre à la France.

En présence de ce grand acte, en face d'une de ces scènes dont l'histoire est avare, la pensée a besoin de se recueillir pour en apprécier toute la portée.

Si Abd-el-Kader eût été pris les armes à la main, c'eût été une magnifique capture, une éclatante victoire; mais sa soumission volontaire, c'était un fait bien autrement colossal, c'était bien plus que dix victoires, c'était L'ABDICATION DE LA NATIONALITÉ ARABE.

Ce jour-là l'Émir voulut rendre et rendit

à la France le plus grand, le plus noble et le plus éloquent de tous les hommages. Nulle contrainte ne s'y fait sentir ; c'est un acte libre et souverain. Il renonce volontairement au désert qui s'ouvrait devant lui ; il refuse les offres splendides de l'Empereur du Maroc, qui était hier son ami, et qui voudrait devenir son protecteur. Ce n'est pas même la France qui l'a vaincu matériellement à la dernière heure de sa lutte, ce sont des armées musulmanes et des tribus sauvages qui se sont conjurées pour l'écraser. Et pourtant ce n'est point à ces soldats de l'Islam, à ces phalanges africaines restées maîtresses de son dernier champ de bataille, qu'il a voulu rendre ses armes. C'est entre les mains de la nation chrétienne et civilisée, c'est entre les mains de la France, qu'il est venu librement et volontairement abdiquer.

Cette victoire morale, couronnant les cent victoires de nos armes sur cette terre fécondée par tant de sang et de gloire, est le plus beau trophée que puisse ambitionner un grand peuple.

Toute la puissance du fait est dans sa spontanéité. Cette belle scène d'immortelle alliance entre deux races, qui se combattaient la veille, a un caractère de grandeur qui élève et honore tous ceux qui en ont été les acteurs. Tous ont agi loyalement et noblement. Pourquoi faut-il que, le lendemain, des nuages soient venus en altérer l'éclat et en retarder jusques à hier le généreux dénoûment ?

Aujourd'hui que la France est satisfaite et que l'honneur est sauf, il est permis d'étudier de près ce dernier acte d'un drame qui dura quinze ans, d'en interroger les personnages et de peser la valeur de leurs paroles.

Le sujet est si délicat et si grave, que, ne voulant rien hasarder à la légère, nous ne marcherons que le *Moniteur* à la main.

Il sera plus éloquent que nous. C'est à lui que nous laisserons le soin d'exposer, dans tous ses imposants détails, cette glorieuse capitulation, et de montrer, d'un côté, la loyauté, la noblesse et la majesté du rôle qu'Abd-el-Kader y a joué; de l'autre, la précision et la clarté des conventions conclues, la valeur des promesses faites et la solennité de la parole jurée.

Moniteur algérien du 25 décembre 1847. (Supplément extraordinaire.)

Oran, 25 décembre, 6 heures du matin.

Le gouverneur général à MM. les généraux commandants supérieurs.

« Abd-el-Kader a fait sa soumission à la France....

» Il vient d'arriver à Oran avec moi, pour être dirigé sur Marseille, aux ordres du gouvernement, QUI L'ENVERRA EN ORIENT.

» Répandez immédiatement cette grande nouvelle. »

Moniteur du 2 janvier 1848 :

*Le gouverneur général de l'Algérie
au ministre de la guerre.*

Nemours, 23 décembre 1847.

« Monsieur le ministre,

« Un grand événement vient de s'accomplir : Abd-el-Kader est dans notre camp... *Il s'est confié à la générosité de la France et s'est rendu sous la condition d'être envoyé à Alexandrie ou à Saint-Jean-d'Acre.*

» Ainsi que je l'ai mandé à Votre Excellence, l'Emir avait, grâce à un stratagème aussi hardi qu'ingénieux, surpris, dans la nuit du 11 au 12, les camps marocains ; cette attaque, qui a causé de grandes pertes au maghzen de l'Empereur, paraît avoir eu un succès complet. Mais Abd-el-Kader avait affaire à un ennemi si nombreux, qu'il dut s'arrêter devant la multitude et la masse compacte de ses adversaires... Il rallia donc sa Deïra, et concentra toutes ses forces et tout son monde vers l'embouchure de la Moulouïa, entre la rive gauche de cette rivière et la mer...

» Le commencement du passage de la rivière est le signal du combat, que les Kabyles marocains, excités par l'appât du butin, engagent avec furie ; mais les fantassins et les cavaliers de l'Emir soutiennent jusqu'au bout leur vieille réputation, ils résistent tout le jour ; pas un mulet, pas un bagage n'est enlevé. Le soir ils ont perdu la moitié des leurs ; la Deïra tout entière a gagné le territoire français ; les Marocains cessent la poursuite.

» Le général de La Moricière, qui, dans la nuit, avait fait prendre les armes à sa colonne, s'avance rapidement avec sa cavalerie. L'Emir a pour lui l'obscurité, un pays difficile, sillonné de sentiers inconnus à nos éclaireurs : *la fuite lui était encore facile.*

» Mais bientôt deux de ses cavaliers viennent annoncer au général qu'il est décidé à se rendre, et qu'il demande seulement à être conduit à Saint-Jean d'Acre ou à Alexandrie. *La convention, immédiatement conclue de vive voix, est bientôt ratifiée par écrit par le général de La Moricière.* Votre Excellence trouvera dans le rapport de cet officier général, que je lui envoie en entier, les détails dramatiques de cette négociation.

» Aujourd'hui même, dans l'après-midi, Abd-el-Kader a été reçu au marabout de Sidi-Brahim par le colonel de Montauban, qui fut rejoint peu après par le général de La Moricière et par le général Cavaignac.

Une heure après, Abd-el-Kader me fut amené à Nemours, où j'étais arrivé le matin. *Je ratifiai la parole donnée par le général de La Moricière*, et j'ai le ferme espoir que le gouvernement du Roi lui donnera sa sanction.

»J'annonçai à l'Emir que je le ferais embarquer dès demain pour Oran avec sa famille; il s'y est soumis non sans émotion et sans répugnance : c'est la dernière goutte du calice.

» Dû, sans de nouveaux combats, à la puissance morale de la France, le résultat que nous avons obtenu aujourd'hui est immense : *il était généralement inespéré.* Il est impossible de décrire la sensation profonde qu'il a produite chez les indigènes de cette région, et l'effet sera le même dans toute l'Algérie. *C'est une véritable révolution.*

» *Le lieutenant général, gouverneur général de l'Algérie,*

» H. D'ORLÉANS. »

« Post-scriptum du 24 au matin.

» Je crois devoir mentionner ici une circonstance en apparence peu importante, mais très significative aux yeux des indigènes. Abd-el-Kader vient de me remettre un cheval de soumission : c'est un acte de vasselage vis-à-vis de la France ; c'est la consécration publique de son abdication. »

Le lieutenant général de La Moricière, commandant la province d'Oran, à S. A. R. Mgr le duc d'Aumale, gouverneur général de l'Algérie.

<blockquote>Au bivouac de Sidi-Mohamed-el-Ouassini, 16 décembre 1847, 11 heures du matin.</blockquote>

« Monseigneur,

» Je me hâte de porter à votre connaissance les événements importants qui viennent de se produire chez nos voisins.

« .... Dans la journée du 9, deux cavaliers de l'Empereur, accompagnés d'un des serviteurs de Bou-Hamedi (khalifa d'Abd-el-Kader), apportèrent à l'Emir une lettre de Muley-Abd-er-Rhaman et une autre de son khalifa.

» L'Empereur lui disait en substance qu'il ne pouvait écouter de lui aucune proposition tant qu'il resterait dans le pays qu'il occupait; que, s'il voulait venir à Fez, il y serait traité aussi bien qu'il pourrait le désirer ; que ses cavaliers et ses fantassins seraient admis dans les troupes marocaines ; que la population de la Deïra recevrait des terres, etc.; que, s'il refusait ces propositions, le chemin du désert était libre, et qu'il pouvait le prendre; que, s'il n'acceptait aucun de ces deux partis, on serait obligé de lui faire la guerre pour exécuter les traités passés avec la France.

» Abd-el-Kader prit immédiatement sa résolution : il renvoya les cavaliers marocains sans réponse, et réunit toute la population de la Deïra, ainsi que ses Réguliers. Il leur exposa la situation, sans rien dissimuler, leur dit qu'il était résolu à tenter la fortune ; qu'il allait essayer de prendre un des fils de l'Empereur pour se faire rendre son khalifa, et que, s'il était vainqueur, il continuerait sa marche vers l'Ouest... »

Vient ensuite le récit de l'audacieux

coup de main par lequel Abd-el-Kader, dans la nuit du 11 au 12, surprend le camp marocain et met en déroute les troupes du prince impérial.

« Les nouvelles envoyées par l'Emir, après ce premier succès, avaient jeté une grande joie à la Deïra. Mais, dans la matinée du 12, les divers camps marocains se seraient réunis et auraient attaqué l'Emir, l'auraient chassé du camp qu'il avait occupé, en lui faisant éprouver des pertes considérables..... Le mardi soir, cette dernière nouvelle arrivait à la Deïra avec les morts et les prisonniers. La nuit se passa dans les larmes.... Cependant l'Emir inondait le pays de ses lettres, appelait à lui tout ce qui restait à la Deïra d'hommes valides à pied ou à cheval pouvant marcher, et se préparait à de nouveaux combats.

» En résumé, le point important est résolu; la guerre est commencée entre l'Emir et les fils de l'Empereur; le courage d'une poignée de vigoureux soldats a pu contrebalancer l'immense supériorité du nombre. Cette lutte aura des chances diverses. Je crains seulement de voir les Marocains abandonnés par les contingents des tribus....

» Le brick *l'Agile* est venu hier à Nemours apporter au colonel Plagnol une lettre du caïd du Riff, qui demande au commandant du poste de lui prêter cinq quintaux de poudre et de plomb pour ses Kabyles, qui ont usé toutes leurs munitions en tirant sur Abd-el-Kader.

» Le brick *l'Agile* est parti le soir même avec le chargement demandé de poudre et de plomb. Dieu veuille qu'il ait pu arriver à temps !

» Le lieutenant général commandant la province d'Oran.

» DE LA MORICIÈRE. »

22 décembre 1847. Minuit.

« Monseigneur,

« .... Je me borne à un résumé succinct, car je ne renonce point à l'espoir d'entretenir prochainement Votre Altesse Royale.

» Le 20, le mauvais temps empêche d'attaquer l'Emir; mais on apprend à la Deïra que son frère a fait sa soumission. On voit la Moulouïa grossir et les contingents des camps marocains augmenter à chaque instant.

» Le 21, la rivière est rigoureusement guéable; un combat opiniâtre s'engage; plus de la moitié des fantassins réguliers et la meilleure partie des cavaliers y sont tués; mais le passage de la Deïra s'exécute sans que les bagages soient pillés. Le soir, à cinq heures, la Deïra est entrée sur notre territoire; les Marocains cessent de la poursuivre. Abd-el-Kader, seul, à cheval, est en tête de l'émigration, qu'il dirige dans les sentiers des montagnes des M'Sirdas...

» Pour être prêt à tout événement, après avoir calculé la marche probable de l'Emir, je fis prendre les armes à deux heures du matin pour porter ma colonne sur la frontière... J'avais à peine fait une lieue et demie; il était environ trois heures du matin; chemin faisant, je reçus les députés de la Deïra qui venaient se soumettre, et auxquels j'ai donné l'aman au grand trot, en les envoyant à mon camp pour y chercher des lettres.

» Enfin, quelques instants après, je rencontrai le lieutenant Ben-Krouïa, qui revenait avec deux hommes des plus dévoués de l'Emir, et qui étaient chargés de me dire qu'Abd-el-Kader demandait à se soumettre.

» Ben-Krouïa avait causé lui-même avec l'Emir, qui lui avait remis une feuille de papier sur laquelle il avait apposé son cachet, et sur laquelle le vent, la pluie et la nuit l'avaient empêché de rien écrire. Il me demandait une lettre d'aman pour lui et ceux qui l'accompagnaient.

» Il m'était impossible d'écrire, par la même raison qui s'était opposée à ce que l'Emir pût le faire, et, de plus, je n'avais point mon cachet. Ces hommes voulaient absolument quelque chose qui prouvât qu'ils m'avaient parlé. Je leur remis mon sabre et le cachet du commandant Bazaine, en leur donnant verbalement la promesse d'aman la plus solennelle. Les deux envoyés de l'Emir me demandèrent de les faire accompagner par Ben-Krouïa, que je fis repartir avec quatre spahis.

» Tout cela se fit en marchant, car je voulais néanmoins arriver avant le jour au point de notre frontière le plus rapproché du col de Kerbous.

» Parvenu à ce point vers cinq heures et demie, j'y restai jusqu'à onze heures et demie. Je ne recevais aucune réponse... A ce moment j'ai dû prendre des dispositions différentes... Après être resté encore près de deux heures en observation, j'ai regagné mon camp avec le reste de mes troupes...

» J'avais commencé cette lettre lorsque me sont revenus Ben-Krouïa et les deux émissaires d'Abd-el-Kader. Ils me rapportaient mon sabre et le cachet du commandant Bazaine, et, en outre, une lettre de l'Emir. Je vous adresse ci-joint copie de la traduction de cette lettre, ainsi que de la réponse que j'y ai faite.

» *J'étais obligé de prendre des engagements ; je les ai pris, et j'ai le ferme espoir que Votre Altesse Royale et le gouvernement les ratifieront, si l'Emir se fie à ma parole.*

Les principaux compagnons d'infortune de l'Emir sont aujourd'hui : Mustapha Ben-Thamy, khalifa de Mascara, son beau-frère ; Abd-el-Kader bou Klika, caïd de Sandampt ; Kadour Ben-Allal, neveu de Sidi-Embarack. J'ai fait écrire aux deux premiers par leurs proches qui sont ici.

» Enfin, Si-Ahmédi-Sakal, caïd de Tlemcen, qui m'a beaucoup servi dans toutes ces affaires, *a écrit à l'Emir pour l'engager à avoir confiance dans la parole que je lui ai donnée* AU NOM DU GOUVERNEMENT.

» Demain, ou après-demain au plus tard, nous saurons à quoi nous en tenir.

» Veuillez agréer, Monseigneur, etc.

» *Le lieutenant général, commandant la province d'Oran.*

» DE LAMORICIÈRE. »

Ces paroles sont-elles claires? Ce qui est certain c'est qu'elles sont ineffaçables, car des pages du *Moniteur* elles ont passé dans celles de l'histoire.

Voici maintenant l'extrait textuel du journal officiel de l'armée d'Afrique, du *Moniteur algérien*, du 29 décembre 1847 :

« ... L'Emir, après avoir amené sa Deïra sur le territoire français, s'apprêtait avec ses fidèles à tenter encore une fois la route du désert; c'est la seule que l'Empereur Abd-er-Rhaman lui ait laissée libre ; *des tribus dévouées l'y attendent et lui assurent un asile, peut-être encore la puissance...*

« Les hésitations de l'Emir furent longues; *il lui était encore possible de tenter la fortune dans le Sud...* Il était onze heures du soir, et le lieutenant général était rentré dans son camp, lorsque le lieutenant Ben-Krouïa revint, porteur cette fois d'une lettre dans laquelle l'Emir sollicitait *une parole française* (c'est son expression) pour se livrer sans défiance et se résigner à sa destinée.

» L'engagement qu'il réclamait fut pris immédiatement par M. le lieutenant général de La Moricière, et le rendez-vous convenu pour le lendemain 23 au marabout de Sidi-Brahim.

» L'Emir fut reçu à deux heures de l'après-midi par M. le colonel de Montauban, à la tête de cinq cents chevaux. M. le lieutenant général de La Moricière arriva bientôt, et, d'après les ordres de S. A. R., dont le débarquement venait de lui être annoncé, on prit aussitôt la route de Nemours. L'Emir parut éprouver un dernier sentiment de fierté lorsqu'il fut accueilli au son des fanfares, avec les honneurs militaires, sur ce terrain de Sidi-Brahim, théâtre d'un de ses plus importants succès. Pendant la route il se renferma dans cette gravité triste qui lui est, dit-on, habituelle, et que la circonstance était bien propre à augmenter.

» A six heures du soir, il arrivait avec le lieutenant général de La Moricière, le général Cavaignac et le lieutenant-colonel de Beaufort, et il était introduit près de Son Altesse Royale.

» Après un instant de silence, il prononça les paroles suivantes :

« *J'aurais voulu faire plus tôt ce que je*
» *fais aujourd'hui ; j'ai attendu l'heure mar-*
» *quée par Dieu.*

» *Le général m'a donné une parole sur*

» *laquelle je me suis fié ; je ne crains pas*
» *qu'elle soit violée par le fils d'un grand roi*
» *comme celui des Français.* »

» S. A. R. confirma, par quelques paroles simples et précises, la parole de son lieutenant.

» Une dernière cérémonie eut lieu dans la matinée du lendemain.

» Au moment où S. A. R. rentrait d'une revue qu'elle avait passée, l'ex-Sultan s'est présenté à cheval, et, entouré de ses principaux chefs, a mis pied à terre à quelques pas du prince.

« *Je vous offre*, a-t-il dit, *ce cheval, le*
» *dernier que j'ai monté ; c'est un témoi-*
» *gnage de ma gratitude, et je désire qu'il*
» *vous porte bonheur.* »

« *Je l'accepte*, a répondu le prince,
» *comme un hommage rendu à la France,*
» *dont la protection vous couvrira désor-*
» *mais, et comme signe de l'oubli du passé.* »

« L'Émir a salué avec dignité, et est retourné à pied dans l'enceinte de son campement. »

Quelle scène ! quelle noblesse et quelle majesté dans cette abdication !

Le *Moniteur*, du 3 janvier, contient d'autre part, les lignes suivantes :

« La reddition d'Abd-el-Kader est un événement d'une grande portée pour la France. Elle assure la tranquillité de notre conquête ; elle nous permet de réduire notablement le tribut d'hommes et d'argent que nous payons depuis tant d'années à l'Afrique; *elle contribue par ce seul fait à augmenter la force de la France en Europe.. Aujourd'hui la France peut au besoin transporter ailleurs les cent mille hommes qui contenaient sous le joug les populations conquises.*

«...Avant de quitter pour toujours le sol africain et au milieu des grandes émotions qui devaient agiter son cœur, l'Émir écrivit au duc d'Aumale une lettre de remercîments pour tous les égards dont il avait été l'objet de sa part pendant la traversée de D'Jemma-Ghazouat à Oran. Cette preuve de déférence n'était pas d'ailleurs la première qu'il lui donnait depuis ses quelques heures de captivité, car déjà il lui avait fait cadeau de sa *fameuse jument noire*, dont il a été question bien des fois dans le récit de quelques épisodes de la vie si étrangement aventureuse de notre ex-ennemi. »

Ecoutons maintenant le général de La Moricière développant et précisant lui-même les circonstances et les termes de la négociation, quand il est obligé de la défendre à la tribune contre les faux-fuyants et les subtilités du machiavélisme parlementaire.

Moniteur du 6 février 1848.

Chambre des députés, séance du 5 février :

M. le général de La Moricière. « Si j'ai demandé la parole, c'est à propos d'une expression dont s'est servi l'honorable M.

Lherbette, qui a qualifié de légèreté la conduite du gouverneur général de l'Algérie dans la ratification des conditions que j'avais acceptées de la part d'Abd-el-Kader.

» Un mot que vient de dire M. le maréchal Bugeaud, mot que j'accepte, c'est qu'*Abd-el-Kader s'est rendu, qu'il n'a pas été pris*, mais qu'il était complétement sans ressources. Ce mot m'oblige aussi à donner quelques explications.

» La conduite du prince a-t-elle été légère quand il a ratifié les conditions que j'avais acceptées ? Qu'a fait S. A. R. au moment où je suis arrivé à Nemours lui annoncer l'arrivée d'Abd-el-Kader ? Le gouverneur général s'est fait rendre compte dans le plus grand détail de ce qui s'était passé. Après l'exposé de la situation dans laquelle j'étais par rapport à l'Emir, il m'a dit : « *Si j'eusse été à votre place, j'eusse agi comme vous* », et il a ratifié.

» A Dieu ne plaise que je discute le droit qu'a le gouvernement de désavouer ses agents, un général en chef de désavouer ses lieutenants. Mais à quelles conditions peut-on user loyalement de ce droit? C'est que le gouvernement ou le général en chef puissent dire à leur agent : « Si j'eusse été à votre place, j'aurais fait autrement que vous avez fait. »

» Quand ces conditions ne sont pas remplies, quand cette circonstance n'existe pas, LE DÉSAVEU, Messieurs, EST UN MANQUE DE BONNE FOI.

» On dit que le prince a agi avec légèreté. Il a agi avec loyauté, et je l'honore d'avoir compris que la première qualité d'un général en chef est d'inspirer à ses lieutenants cette confiance dans l'élévation, dans la loyauté de son caractère, qui peut seule leur donner cette franchise, cette liberté d'allure dont ils ont besoin dans les circonstances décisives. (Très bien! très bien!)

» Mais, dira-t-on, si le prince a reconnu que vous aviez fait ce qu'il y avait à faire, c'est là qu'a été la légèreté.

« Permettez-moi de revenir sur les faits et de vous exposer nettement quelles sont les chances que j'avais dans la nuit du 21 au 22 décembre, quelles sont les chances qu'avait l'Emir, car c'est de l'appréciation de ces chances respectives que peut résulter une opinion raisonnable sur les conventions qui ont été faites. (Très bien !)

» Battu au passage de la Moulouïa, l'Emir, suivi de sa Deïra, passe notre frontière ; il sait qu'une partie de sa Deïra ne le suivra pas dans le voyage qu'il va entreprendre, mais il n'ignore point que les principaux chefs, les plus riches et les plus fidèles de ses serviteurs, et les débris de sa cavalerie régulière, s'associeront à sa fortune... Il est en tête de cette émigration ; seul, il la conduit dans les sentiers des montagnes des M'Sirdas. L'obscurité de la nuit, la pluie torrentielle, rendent cette marche encore plus difficile. Il demande le chemin à des cavaliers échelonnés le long de la frontière. Ces cavaliers me préviennent. J'apprends les mouvements de l'Emir; mais les tribus favoriseront son passage.... Les Marocains étaient à cinq lieues au Nord; j'étais à deux lieues au Sud.

» Savez-vous ce qui était cerné, compromis? C'était son convoi ; *mais ses cavaliers et lui pouvaient passer comme ils voulaient...*

» — Il fallait continuer, a-t-on dit, au lieu de parlementer. — Savez-vous ce que j'aurais pris, si j'avais continué? J'aurais pris le convoi ; j'aurais fait une razzia de plus; je vous aurais rendu compte que j'avais pris la tente d'Abd-el-Kader, son tapis, une de ses femmes, peut-être un de ses khalifas; *mais lui, avec ses cavaliers, il serait parti pour le désert.*

» Ici vient une autre objection : Abd-el-Kader ne pouvait donc s'échapper qu'avec quelques cavaliers, il serait arrivé presque seul au désert; n'ayant plus sa Deïra, vous n'aviez plus rien à en craindre, et il valait beaucoup mieux qu'il fût là qu'à Alexandrie.

» Je répondrai d'abord que, s'il est mieux dans le désert qu'à Alexandrie, il est toujours temps de l'y envoyer : il ne demandera pas mieux. (On rit sur tous les bancs.)

» *Mais Abd-el-Kader seul, dépouillé, abandonné de son monde, n'ayant avec lui que quelques cavaliers dévoués, nous l'avons déjà vu dans le désert, et tout le monde sait ce qu'il y a fait.* »

» Abd-el-Kader, c'est l'incarnation d'un principe, c'est l'incarnation de l'idée religieuse ; en Algérie, c'est le seul principe politique qui relie la population. Ce principe se manifeste par la guerre sainte ; ce principe est là ce qu'a été jadis chez nous la légitimité. Quand un homme, par son passé, par ses croyances, par son éloquence, par les combats qu'il a livrés, par les succès qu'il a obtenus, est devenu le représentant vivant d'une idée profondément sentie dans les masses, c'est un immense danger de le laisser dans un pays.

» Il y a encore des personnes qui admettent les explications que je viens de donner, mais qui, avec un pessimisme incroyable, disent : « C'est égal, c'est très fâcheux qu'on n'ait pas pris Abd-el-Kader. » Eh bien! si on l'avait pris, le fait matériel serait plus net, plus simple, plus grand, si vous voulez; mais, permettez-moi de le dire, le fait moral serait moindre. (Oui! oui!)

» Tout homme qui combat, tout homme qui lève l'étendard de la guerre, peut être tué, peut être pris; cela ne constitue pas un désaveu de sa vie.....

» Mais l'Emir a abdiqué lui-même, et la France, après avoir pesé sur l'Algérie de tout le poids de sa vaillante armée, a vu celui qui avait prêché, soufflé, mené la guerre sainte, venir enfin volontairement déposer les armes entre les mains du gouverneur général.

» Ce fait moral, les indigènes l'ont remarqué les premiers, et c'est la cause de l'effet immense qu'a produit dans le pays le grand événement qui nous occupe, et dont les conséquences se développeront dans l'avenir. » (Très bien ! très bien !)

Comment cette convention était-elle interprétée dans les deux chambres par des hommes que personne assurément ne refusera de reconnaître pour bons juges en fait de patriotisme et d'honneur.

Copions toujours le *Moniteur :*

« Chambre des Députés, séance du 5 février 1848.

» M. de La Rochejacquelein :

» ... Abd-el-Kader s'est rendu à la France, et certes c'est un des événements les plus importants qui pussent arriver, surtout, comme vient de le dire M. le général de La Moricière, *alors qu'il s'est rendu et n'a pas été pris.*

» Un engagement d'honneur a été pris par l'honorable général de La Moricière; cet engagement a été ratifié par S. A. R. Monseigneur le duc d'Aumale.

» Eh bien ! Messieurs, lorsque cet engagement d'honneur a été pris par un général et un prince français, comment se fait-il que le gouvernement maintenant retienne prisonnier Abd-el-Kader, qu'il le mette dans un fort, et nous laisse dans cette incertitude de savoir si la parole de la France sera sacrée ou si elle ne le sera pas ?

» S'il y a des raisons d'état qui doivent *vous* arrêter, et qui ne m'arrêteraient pas, *moi*, au moins convient-il que nous les sachions. » (Approbation.)

Chambre des pairs, séance du 17 janvier 1848 :

M. Merilhou. « ... Toujours la France, dans sa conduite avec les nations étrangères, avec les armées chargées de la combattre, a mérité la confiance de toutes les populations ennemies par le respect le plus profond à la parole donnée.

» Si donc le gouvernement reconnaît que des promesses ont été faites, le gouvernement les remplira scrupuleusement, *et n'y* changera rien sans le consentement d'Abd-el-Kader. Il sentira quel respect profond et scrupuleux est dû à un ennemi vaincu, lorsque cet ennemi avait déposé les armes sur la foi d'une parole donnée. »

M. le prince de la Moskowa :

« ..... Je veux parler de la détention d'Abd-el-Kader et de la conduite que le gouvernement du roi se propose d'adopter à l'égard de cet illustre vaincu.

» Je ne m'occuperai que de la convention en elle-même, car, je le déclare hautement, le gouvernement ne peut hésiter à ratifier la convention conclue. Rappelons-nous, en effet, comment les choses se sont passées.

» Abd-el-Kader, après avoir échoué dans ses négociations auprès de l'Empereur du Maroc, et avoir appris l'arrestation de son khalifa, a senti qu'il ne devait plus chercher ailleurs que dans son courage le moyen de sortir d'affaire. C'est alors que, pour se mettre en sûreté, il a effectué ce beau passage de la Moulouïa, qui restera comme une des plus brillantes pages de sa vie militaire.

» Il entraînait, on le sait, à sa suite, plus de six mille personnes, des chameaux, des chevaux, une immense quantité de bétail, un matériel considérable. Le passage de la rivière ne s'est opéré qu'avec la plus grande difficulté. La petite troupe de l'Emir était entourée de toute l'armée marocaine, et, il faut le dire à sa louange, en rendant justice aux derniers efforts de sa lutte désespérée, ce combat a été très glorieux pour lui ; ses Réguliers se sont admirablement battus ; ils se sont presque tous fait tuer ; mais la Deïra tout entière a traversé la Moulouïa, et pas un mouton n'est resté sur la rive opposée.

» .... Cependant l'Emir offre au général de La Moricière de se rendre. Celui-ci accueille cette ouverture, et va à sa rencontre. Il le trouve entouré de quatre-vingts cavaliers, tous couverts de sang et noircis de poudre. Nos soldats sont émus à la vue de ces braves guerriers; ils déposent leurs fusils en signe de soumission. « Je vous les rends, dit La Moricière, gardez-les pour servir la France ! » et il les engage aussitôt dans notre maghzen. C'était un hommage éclatant et mérité rendu par le chef français à la manière courageuse dont ces hommes avaient défendu leur cause jusqu'au bout.

» .... Messieurs, pour traiter avec l'Emir, à quel point de vue peut se placer le gouvernement? *Du moment où Abd-el-Kader ne s'est pas rendu à discrétion, nous sommes tenus de respecter à son égard les principes du droit des gens, sous peine d'encourir le blâme de l'histoire.*

» Le sentiment de notre armée d'Afrique n'est pas douteux : croyez-le bien, elle veut qu'on fasse honneur à l'engagement contracté par le brave général de La Moricière.

» Notre armée en Algérie, Messieurs, a

pu juger de la manière dont Abd-el-Kader a su défendre la cause pour laquelle il a si énergiquement combattu jusqu'à la fin, jusqu'au dernier moment ; et notre honneur militaire exclut la pensée de tout équivoque en ce qui touche l'interprétation de la convention conclue avec lui; elle le repousse, non seulement à cause de la conduite valeureuse de l'Emir, mais aussi en raison des principes.

» Vous savez, Messieurs, qu'on accorde une capitulation d'autant plus volontiers à un ennemi qui se rend qu'il a su se montrer plus digne de l'estime du vainqueur par la manière dont il s'est défendu. Or, qui de nous peut contester qu'Abd-el-Kader ne se soit bravement battu pour sa patrie, pour sa foi religieuse, et qu'il n'ait bien mérité ainsi l'approbation de notre armée et de l'histoire ? (Assentiment.)

» Laissons-nous diriger par ces sentiments honorables; ne nous exagérons pas les dangers de la déportation de l'Emir dans un pays musulman. Pour moi, d'ailleurs, Messieurs, cette considération est secondaire : *il y a quelque chose qui doit être mis en première ligne, c'est la foi à la parole donnée.* (Très bien !) Or il ne sera pas dit que, comme gage de sa parole militaire, le général français aura échangé son sabre contre celui d'Abd-el-Kader, et que la France aura désavoué cet engagement. (Très bien ! très bien !) »

A la même tribune, M. le général Fabvier s'écriait avec indignation : « Messieurs, c'est avec peine que j'entends dans cette Chambre mettre dans la balance, d'un côté, des dangers supposés, et fussent-ils réels..., de l'autre, l'honneur de la France.

» Lorsque le gouvernement avait des gouverneurs généraux en Algérie, je suppose qu'il leur donnait des instructions. Lorsque M. le duc d'Aumale est parti, sans doute il a su ce que, dans un cas, sinon présumable, du moins possible, il devait faire vis-à-vis d'Abd-el-Kader.

» M. le président du conseil nous a dit qu'il saurait allier les intérêts et l'honneur de la France. Les intérêts de la France et son honneur seront parfaitement unis dans une ratification désormais indispensable : car l'intérêt de la France ne peut être séparé de sa bonne renommée.

» Il n'y a ici ni restriction ni négociation à faire : Abd-el-Kader est dans vos mains, il ne peut plus négocier.

» Messieurs, songez à ne pas toucher à l'honneur si précieux de la France. Rappelez-vous le roi Jean, François Ier, Henri IV, ces premiers gentilshommes de leur royaume. J'ajouterai un seul mot : *Si vous touchez à l'honneur de la France, adieu la victoire !* »

Après avoir entendu les paroles si précises et si unanimes de ces nobles adversaires d'Abd-el-Kader, écoutons l'illustre captif faisant lui-même au premier évêque d'Alger le récit de ces heures mémorables.

Ces paroles, textuellement fidèles, seront l'un des plus imposants témoignages et l'une des pièces capitales de ce grand procès qu'aura bientôt à juger l'histoire :

« Depuis trois ans déjà je ne combat-
» tais plus dans l'espoir de voir finir heu-
» reusement pour moi et les miens la lutte
» opiniâtre qui n'avait pas cessé de nous
» tenir en haleine depuis le mois de no-
» vembre 1839.

» Mais je croyais n'avoir pas encore suf-
» fisamment acquitté ma dette envers mon
» pays, et je redoutais jusqu'à l'apparence
» d'un reproche de la part de mes coreli-
» gionnaires et de tous ceux qui, au com-
» mencement de cette sainte et nationale
» guerre, avaient mis en moi leur confian-
» ce et m'avaient à leur tour juré de ne pas
» m'abandonner.

» Depuis environ le même temps, diver-
» ses propositions m'avaient été faites, qui
» toutes avaient pour but de me convier à
» déposer enfin les armes, en retour de

» conditions à peu près pareilles à celles
» du 22 décembre dernier.

» Ben-Salem en particulier, l'un de
» mes plus dévoués lieutenants de l'Est,
» m'avait écrit peu auparavant, au moment
» de sa soumission forcée et de son départ
» pour l'Orient sur des navires français
» avec ses tentes. C'était, assurait-il, de la
» part du gouverneur général, dont je con-
» naissais la loyauté égale à son courage,
» et pour me donner la certitude que, si je
» l'imitais dans cet acte désespéré, je se-
» rais traité moi-même non moins favora-
» blement que lui.

» Vous savez, en effet, comment, à sa
» demande, il fut transporté sur des vais-
» seaux de votre nation dans ces contrées
» lointaines que rapproche de nous le
» même culte. *Il lui avait même été dit que,*
» *pour moi, si la traversée sur des vaisseaux*
» *chrétiens me répugnait, des barques mu-*
» *sulmanes me seraient offertes au nom et*
» *aux frais de la France.*

» Certes, j'avais foi en la loyauté fran-
» çaise, et je ne doutais point, en effet,
» qu'en échange de ma soumission person-
» nelle, et de la pacification générale qui
» en serait la conséquence, *ce qui me serait*
» *promis serait tenu.* Et néanmoins je ne
» pouvais me résoudre à descendre de mon
» cheval et à dire cet éternel adieu à nos
» montagnes chéries.

» Ah! ce n'était plus dans l'espoir de
» vaincre que je m'obstinais à combattre;
» je n'ignorais pas l'issue plus ou moins
» tardive d'une lutte désespérée, mais je
» défendais une trop noble cause, mon
» foyer, mon pays, ma foi; j'avais juré de
» les défendre jusqu'à ce qu'aucune force
» humaine n'y pût plus suffire, et il me
» semblait toujours que je n'avais pas en-
» core assez fait.

» Cependant, vers la fin de 1847, ma po-
» sition, celle de ma Deïra surtout, deve-
» nait de plus en plus critique; loin d'ac-
» courir à mon secours, l'Empereur de

» Maroc m'avait abandonné, et se mettait
» à me poursuivre et à me combattre, et
» j'avais autant à craindre désormais des
» sauvages Kabyles du Riff que des Chré-
» tiens et des Français eux-mêmes, dont
» les efforts se multipliaient avec mes an-
» goisses et mes revers.

» Toutefois, je ne songeais pas encore
» à entrer en accommodement avec les
» Français, quand ma Deïra, où se trou-
» vaient ma mère et tout ce qui me restait
» de plus cher, ayant tout à coup été ex-
» posée, sans qu'il me fût possible de l'em-
» pêcher, à tomber entre les mains du gé-
» néral de l'Ouest, je pris brusquement
» mon parti.

» J'aurais bien pu sans doute échapper
» de nouveau personnellement à cette dou-
» ble poursuite acharnée. J'avais encore
» autour de moi un certain nombre de mes
» vieux cavaliers, d'une bravoure égale à
» leur fidélité proverbiale; *long-temps en-*
» *core j'aurais pu inquiéter les Français et*

» *leur colonie;* les tribus du désert, dont
» je connaissais le chemin, ne m'auraient
» pas refusé un peu d'orge et de lait; j'au-
» rais même pu, à la rigueur, gagner à
» cheval la route des villes saintes : je l'a-
» vais parcourue dans mon enfance avec
» mon vénéré père.

» Mais ma mère, mais les femmes, les
» enfants de ces serviteurs fidèles, mais les
» vieillards et tant de malheureux blessés
» qui les accompagnaient, que seraient-
» ils devenus?...

» Donc, j'écrivis au général de La Mori-
» cière pour lui demander *si le gouverne-*
» *ment français était vraiment toujours à*
» *mon égard dans les dispositions dont on*
» *m'avait si souvent entretenu, et si je pou-*
» *vais compter, dans le cas où je me rendrais*
» *à lui sans plus de retard, sur cette trans-*
» *lation en Orient devenue l'unique objet de*
» *nos vœux à tous.*

» La Moricière m'envoya son sabre et

» son cachet en retour des miens pour gage
» de sa chevaleresque parole; ce n'était
» pas assez pour moi: j'insistai et je de-
» mandai par écrit l'assurance de cette
» condition *sans laquelle je ne pouvais ces-*
» *ser la lutte*; et il me fut répondu dans
» le même sens.

» J'insistai de nouveau, et *je déclarai*
» *que, si je n'avais pas la certitude que son*
» *engagement personnel était suffisant, je*
» *remettrais une dernière fois ma cause à*
» *Dieu, et que rien ne serait conclu entre*
» *nous.* Je reçus bientôt cette assurance
» écrite et signée; un instant après, je
» poussai mon cheval en avant et j'arrivai
» dans son camp.

» Le duc d'Aumale débarquait en même
» temps à D'Jemma-Ghazouat; je le vis,
» il me reçut noblement et me dit qu'*il était*
» *superflu qu'il ratifiât ce qu'avait fait son*
» *digne lieutenant, mais que, si je le dési-*
» *rais, et au besoin, il le confirmait solen-*

» nellement, et qu'il me donnait sa royale
» parole que ce qui avait été fait entre nous
» serait fidèlement exécuté.

» Je lui offris alors mon dernier cheval
» de bataille!.... »

Witikind aussi avait donné son cheval
de bataille, et Charlemagne, en échange,
lui avait donné le sien, le premier cheval
de l'histoire et du monde. En échange du
cheval d'Abd-el-Kader, on lui donna......
des chaînes.

Écoutons jusqu'au bout ce récit palpitant :

« Le prince me demanda, presque aus-
» sitôt après, où je voulais être décidément
» transporté, et qui j'emmènerais avec moi.
» Je répondis que je désirais être transfé-
» ré à Stamboul, à Saint-Jean-d'Acre ou à
» Alexandrie, et que j'emmènerais avec moi
» ma mère, mes femmes et mes enfants, mes
» frères et leur famille, mon oncle, mes
» principaux officiers, environ cent per-
» sonnes en tout. C'était, parmi les miens,

» à qui m'accompagnerait... Je ne pouvais
» répondre à cet empressement de tous...
» Hélas ! je croyais les conduire dans un
» paisible séjour et à une espèce de bon-
» heur.... Je ne savais pas que ce fût dans
» une prison.

» Le fils du roi me répondit qu'il ne
» pouvait consentir à me faire conduire à
» Constantinople, mais que je partirais,
» dès que nous serions à Mers-el-Kebir,
» pour Alexandrie, selon ma demande
» et sa promesse. Seulement il était né-
» cessaire que le bâtiment sur lequel je se-
» rais embarqué relâchât un instant dans
» le port de Toulon. J'y consentis volon-
» tiers, ne soupçonnant guère, assuré-
» ment, le résultat de cette circonstance,
» que j'attribuais à la nécessité de certains
» préparatifs de voyage.

» Arrivé à Toulon, on m'enferma dans
» une forteresse comme un captif.....

» Vraiment si, au milieu d'une bataille,
» j'avais été blessé, que je fusse tombé

» de mon cheval, et qu'une main guer-
» rière m'eût saisi, désarmé, je n'eusse
» pas été autremeut traité.... »

Nous nous taisons : après ces éloquentes paroles il n'y a qu'une voix plus éloquente qui ait le droit de se faire entendre. C'est celle qui a traversé les mers et qui traversera les siècles pour flétrir jusqu'au dernier des jours les hôtes qui se font geôliers. Laissons parler le plus grand des captifs de l'histoire :

4 août 1815, à bord du *Bellérophon*.

» Je proteste solennellement ici, à la
» face du ciel et des hommes, contre la
» violence qui m'est faite, contre la viola-
» tion de mes droits les plus sacrés, en
» disposant par la force de ma personne
» et de ma liberté. Je suis venu *librement*
» à bord du *Bellérophon*, je ne suis pas
» prisonnier ; je suis l'hôte de l'Angleter-

» re. J'y suis venu à l'*instigation même* du
» capitaine, qui a dit avoir des ordres du
» gouvernement.... Je me suis présenté de
» *bonne foi* pour venir me mettre sous la
» protection des lois d'Angleterre... Si le
» gouvernement, en donnant des ordres
» au capitaine du *Bellérophon* de me rece-
» voir ainsi que ma suite, n'a voulu que
» tendre une embûche, il a forfait à l'hon-
» neur et flétri son pavillon.

» Si cet acte se consommait, ce serait en
» vain que les Anglais voudraient parler
» désormais de leur loyauté, de leurs lois
» et de leur liberté : la foi britannique
» se trouvera perdue dans l'hospitalité du
» *Bellérophon*.

» J'en appelle à l'histoire!... Elle dira
» qu'un ennemi qui fit vingt ans la guerre
» au peuple anglais vint *librement*, dans
» son *infortune*, chercher un *asile* sous ses
» lois. Quelle plus éclatante preuve pou-
» vait-il lui donner de son estime et de sa

» confiance? Mais comment répondit-on en
» Angleterre à une telle magnanimité ? On
» feignit de tendre une main hospitalière à
» cet ennemi, et, quand il se fut livré de
» bonne foi, on l'immola !!! »

V

CAPTIVITÉ D'ABD-EL-KADER

Celui qui avait le désert pour horizon, qui commandait à des tribus innombrables et à des guerriers invincibles, qui était craint comme un conquérant, obéi comme un roi, vénéré comme un pontife, et presque adoré comme un dieu, qui, pendant quinze ans, n'avait cessé de parcourir de toute la vitesse du cheval arabe un champ de bataille plus vaste qu'un empire, qui, la veille encore, pouvait aller sur son coursier de guerre des frontières du Maroc aux bords de la Mer Rouge et prier à la Mecque après s'être battu aux portes de Fez, vit tout à coup s'élever autour de lui les quatre murs d'un château-fort.

L'esprit recule épouvanté et la plume s'arrête impuissante devant le tableau de cette incommensurable et foudroyante transformation dans la destinée d'un homme. Il semble qu'on voie tout à coup Sainte-Hélène apparaître à côté d'Austerlitz.

Nous n'essaierons pas de décrire des choses qui ne se décrivent pas. Nous dirons seulement qu'Abd-el-Kader s'est montré plus grand dans la captivité qu'il ne l'avait jamais été sur le champ de bataille, et qu'il a gravé son image sur les murailles des châteaux d'Henri IV et des Valois en traits plus éclatants encore que sur les rochers de l'Atlas.

L'Emir a gardé dans les fers la dignité d'un roi, et, plein de respect pour lui-même, il s'est fait respecter par ceux même qui violaient ses droits. Appuyé sur sa con-

science, il se tint fièrement debout comme s'il était sur un trône. Rien ne le fit fléchir ni transiger. Louis-Philippe avait officiellement chargé M. le général Daumas d'aller lui faire les plus brillantes propositions, afin d'obtenir qu'il rendît la parole du duc d'Aumale et du général de La Moricière. Abd-el-Kader devait avoir, en échange de cette concession, une position splendide en France, un château royal, une garde d'honneur et tout l'éclat d'une existence princière. Le général, qui connaissait l'Emir, fit observer au roi que cette mission lui paraissait sans but, parce qu'elle serait sans résultat. Le roi ayant insisté, l'ambassadeur partit. Arrivé à Toulon, il se rend au fort Lamalgue et expose au prisonnier l'objet de sa mission. Mais à peine a t-il commencé à parler qu'Abd-el-Kader l'arrête tout à coup: « Ne me connais-tu donc
» plus? lui dit-il. Quoi ! c'est toi qui me
» parles ainsi ! Tes talents diplomatiques
» pourront être un jour, je le sais, fort uti-

» les à la France ; mais, je te prie, n'en
» fais pas avec moi une dépense inutile. »
Puis, prenant un pan de son burnous dans
ses deux mains, et se penchant vers la fenêtre : « Si tu m'apportais, de la part de
» ton roi, en millions et en diamants, tou-
» tes les richesses de la France, si elles
» pouvaient tenir dans le pan de mon bur-
» nous, et que tu les y misses pour racheter de moi la parole qui m'a été donnée,
» je les jetterais à l'instant dans cette mer
» qui baigne les murs de ma prison, et je
» garderais, pour l'emporter avec moi dans
» ma tombe, la parole que j'ai payée de
» mon cheval de bataille. »

On l'engagea plusieurs fois à venir visiter Paris. Il s'y refusa énergiquement. « Je
» sais, répondait-il, qu'Ibrahim-Pacha a
» naguère visité et admiré vos merveilles ;
» mais la France était pour lui une terre
» hospitalière : il était libre. Pour moi,
» tant que je serai prisonnier, la France
» entière n'est qu'un cachot. Puisqu'on a

» voulu faire de moi un captif, qu'on me
» laisse dans ma prison ; je ne veux point
» être une victime couronnée de fleurs. »

On voulut bien lui faire grâce des fleurs ; on ne lui laissa que les chaînes.

Le 14 février 1848, pendant qu'Abd-el-Kader gardait sous les verrous la parole de la France, le palais des rois de France retentissait des félicitations solennelles qu'inspirait une capitulation foulée aux pieds. La Chambre des députés, en attendant qu'elle se laissât elle-même à son tour violer et fouler aux pieds, apportait au trône de juillet sa dernière Adresse, et célébrait en ces termes les avantages d'un traité dont on acceptait les bénéfices, mais non les obligations :

« *Nous recueillons en Algérie les fruits de notre persévérance, de l'infatigable dévoûment de nos soldats et d'une guerre glorieusement conduite par un chef illustre. Le redoutable adversaire de notre puissance a fait sa soumission. Cet événement, qui pro-*

met à la France l'allégement prochain d'une partie de ses charges, prépare une ère nouvelle à nos établissements d'Afrique. »

Dix jours après, c'était le 24 février !...

Mais la révolution qui changea le sort de la France ne changea pas le sort du captif. C'était l'heure du châtiment, mais ce n'était point encore l'heure de la réparation.

Abd-el-Kader, se renfermant dans la dignité de sa douleur et de son droit, continua à protester par un silence sévère contre la conduite du gouvernement à son égard. Laborieux et avide d'accroître chaque jour le champ de ses études, il refusa constamment de s'initier aux moindres notions de la langue française. Habitué à vivre en plein air et à cheval, il persista à demeurer cloîtré dans ses appartements, et quand on l'invitait à se promener dans les cours ou parcs de ses royales prisons, il répondait : « Celui qui a le cœur triste se promène seulement de la pensée et des yeux. »

Le sentiment religieux, qui seul avait donné à l'Emir la pensée, le courage et la force d'entreprendre et de continuer pendant quinze années l'une des plus étonnantes, des plus illustres et des plus formidables luttes de l'histoire, a seul pu soutenir le captif au milieu des douleurs sans égales et des angoisses sans nombre qui l'attendaient sous les dehors d'une perfide hospitalité. Nous ne nous ferons jamais l'idée de ce qu'a dû subir de tortures cette âme si haute, si fière, d'une si délicate sensibilité et d'une si souveraine indépendance, et nous ne saurons jamais ce qu'il a fallu de force pour survivre et résister au quadruple désespoir de la défaite, de la trahison, de l'exil et de la captivité. Et pourtant, au lieu d'un effrayant désespoir, c'est une résignation sublime que nous trouvons sur ce noble et beau visage, et elle ne s'est pas démentie une seule heure, au milieu des plus poignantes souffrances, en présence de l'agonie des siens, décimés par le climat et la prison, en face de la mort, qui un jour s'abattait sur les jeunes têtes de ses enfants, qui le lendemain menaçait les cheveux blancs de sa mère, et qui s'avançait rapidement vers ce front découronné dont les rayons, pendant presque un quart de siècle, avaient illuminé le désert.

Et ce n'est pas un mystère que nous ayons la prétention de révéler à la France : ce rare spectacle a fait l'admiration de tous ceux qui se sont approchés des fiers donjons de Pau et d'Amboise. Ces vieilles murailles le proclament bien plus haut que notre plume, et, depuis les geôliers qui gardaient ces portes bardées de fer et de gloire jusqu'au prince dont la main toute-puissante est venue les ouvrir, tous ont rendu hommage et justice à cette incomparable majesté du malheur et ont salué d'une voix unanime cet héroïsme de la résignation.

Citons seulement l'éloquent témoignage d'une voix qui a le droit d'être écoutée :

c'est celle de M. le général Daumas [1] écrivant à Monseigneur Dupuch :

« Vous allez visiter l'illustre prisonnier du château de Pau. Oh ! vous ne regretterez certainement pas votre voyage. Vous avez connu Abd-el-Kader dans la prospérité, alors que, pour ainsi dire, l'Algérie tout entière reconnaissait ses lois, eh bien ! vous le trouverez plus grand, plus étonnant encore dans l'adversité : comme toujours, il domine sa position.

» Doux, simple, affectueux, modeste, résigné, ne demandant rien, ne s'occupant d'aucune des choses de ce monde, ne se plaignant jamais, excusant ses ennemis, ceux dont il a pu avoir davantage à souffrir, et ne permettant pas qu'on en dise du mal devant lui. Musulmans ou Chrétiens, quelque sujet de plainte qu'il ait pu en

---

[1] Général de division, conseiller d'état, directeur des affaires de l'Algérie au ministère de la guerre.

avoir au fond, il rejette la conduite des premiers sur la nécessité des circonstances ; le drapeau sous lequel combattaient les seconds explique et justifie la leur.

» En allant consoler une aussi noble infortune, vous ajouterez donc une nouvelle œuvre sainte et miséricordieuse à toutes celles qui remplissent déjà votre vie... »

Quel plus noble et plus saisissant portrait ! Heureux le guerrier qui, vaincu, trouve dans le camp de ses adversaires triomphants de tels peintres et de tels hommages !

L'Émir avait écrit, de son côté, à l'évêque d'Alger, à l'occasion du nouvel an, cette lettre si pleine d'affection et de mélancolique résignation :

« Gloire à Dieu seul !
» De la part de l'humble serviteur de
» Celui qui est le maître souverain et le
» bienfaiteur du monde, qui ménage au
» cœur des siens les épreuves et les con-

» solations, qui a exigé de nous le sacri-
» fice de ce que nous avions de plus cher...
» hélas !

» Qu'il daigne nous pardonner nos
» fautes et nous accorder sa grâce, à nous
» tous ses serviteurs! Puisse, par son in-
» spiration, ta tendre compassion et la puis-
» sante intercession des évêques ne jamais
» faire défaut à un cœur souffrant et qu'ou-
» blient les gens du monde et les puis-
» sants du siècle.

» Seigneur Dupuch! que la paix soit
» sur toi, que le succès accompagne tout ce
» que tu feras pour celui que tu chéris!
» Écris-nous; quelques mots de toi, n'y
» en eût-il qu'un seul, nous soulageront
» dans nos épreuves, et nous t'en béni-
» rons.

» Au commencement de cette nouvelle
» année, nous supplions Dieu de répandre
» toutes ses bénédictions sur ceux qui
» nous aiment et sur nous, et d'exaucer
» ce que nous désirons ensemble.

» Pour toi, nous désirons surtout que
» tu reviennes bientôt vers nous; nous te
» supplions de ne pas tarder : ta présence
» nous apportera, tu le sais bien, con-
» tentement et bonheur.

» Si tu ne peux pas venir encore, nous
» reconnaîtrons en cela de nouveau la
» volonté de Dieu, et nous ne lui en ren-
» drons pas moins nos hommages sin-
» cères; mais nous ne cessons pas d'espé-
» rer que tu viendras avant long-temps,
» et que, une fois auprès de nous, tu
» n'arrêteras pas la course des jours que
» tu passeras sous notre toit.

» Ces jours-là seront pour nous tous
» ici des jours de joie; tous mes compa-
» gnons, mes frères, et moi plus que tous,
» nous nous en félicitons d'avance. Tous
» ensemble nous désirons ardemment de
» te revoir, nous en sommes impatients;
» aussi nous te conjurons d'arriver le plus
» tôt que tu le pourras.

» Adieu, de la part d'Abd-el-Kader-ben-
» Mahhi-ed-Din.

» Le vingt-quatrième jour du mois de
» Safar de l'année 1265. »

Cette cruelle captivité a servi du moins à révéler dans toute sa grandeur ce noble caractère, dont nous eussions ignoré la plus belle moitié, et dont l'histoire n'eût enregistré que les belliqueux exploits.

Jamais peut-être plus étonnant spectacle ne s'offrit aux regards émus que celui de ce chef, naguère souverain, entouré de sa vieille mère, dont il soutient la vie à force de tendresse et de vénération ; de ses enfants, qu'il instruit et qu'il élève avec une sollicitude et une assiduité sans bornes ; de ces femmes, de ces vieillards, qu'il console par ses paroles, par ses soins et par son exemple ; de ces guerriers enfin qui sont sa plus belle garde d'honneur, qui ont voulu partager ses fers comme autrefois sa gloire, et dont il sait d'un regard et d'un mot éteindre la colère ou relever le courage.

En entrant sous ces sombres voûtes, on s'attendait à une scène du Dante, et, tout à coup saisi d'admiration et de recueillement, on se croyait transporté dans une abbaye du moyen-âge, ou sous la tente d'un patriarche ; les rigueurs de la prison disparaissaient pour ne laisser voir que la sainteté du foyer domestique unie à l'austérité du cloître.

En voyant cette vaste et pieuse famille, animée des mêmes et généreux sentiments, pratiquant à toute heure sous l'inspiration de son chef bien-aimé les plus douces et les plus hautes vertus, accomplissant avec une constance et une dignité qui ne se démentent jamais ses plus grands comme ses moindres devoirs, s'unissant à chaque instant pour entendre la lecture et la parole religieuses, pour prier ensemble et se consoler par la pensée de Dieu ; on se demandait si c'étaient vraiment là les débris de ce camp nomade et terrible qui fut pendant quinze ans l'âme fascinatrice d'une guerre sans trêve, et qu'on nommait la *Smala* d'Abd-el-Kader.

L'étude et la prière n'ont cessé de remplir pour l'illustre prisonnier toutes les heures qu'il ne consacrait pas aux soins des siens; il a donné à son esprit toute l'activité qu'il ne pouvait plus donner à son corps, et, dans ce vaste champ des intelligences, il a marché à pas de géant, comme autrefois dans les champs de l'Afrique.

Aussi, quoique dépouillé et enchaîné, il a gardé sur tout ce qui l'entoure ou l'approche cette supériorité et cette magique influence qui avaient fait de lui le roi de vingt peuples.

Il est resté roi dans l'exil et le malheur; il a eu des amis et des courtisans jusque sous les verrous. C'est là assurément le dernier terme et la plus belle consécration de la noblesse et de la royauté.

Qui ne se souvient de la réponse sublime de ses soixante-trois compagnons d'armes et de captivité, quand on leur offrit de les rendre à la liberté? « Non! non! dirent-ils, tant qu'il sera captif, nul d'entre nous ne séparera son sort du sien ! » Quand l'Emir dut quitter le château d'Henri IV pour celui des Valois, on insista plus vivement en leur disant que le château d'Amboise était trop étroit, qu'on serait obligé, s'ils persistaient à vouloir partager le sort de leur maître, de les entasser pêle-mêle: « Qu'importe! s'écrièrent-ils, nous aimons mieux souffrir davantage encore, s'il le faut; mais le quitter dans le malheur, jamais ! »

Il n'y a pas dans le monde beaucoup d'hommes que l'Arabe aime plus que sa liberté et que sa patrie, et qui mérite que, entre ses palmiers et des fers, pour rester près d'eux il choisisse les fers.

N'a pas qui veut des amis qui le suivent jusqu'à Sainte-Hélène.

Kara-Mohamed, l'un des anciens aghas (généraux) de la cavalerie régulière de l'Emir, n'avait accompagné son maître que par un stratagème qui résume tout son dévoûment. Afin de partager la captivité d'Abd-el-Kader, il s'était fait passer pour un de ses esclaves : son teint de bronze, dissimulant un cœur d'or, avait favorisé ce sublime déguisement.

Quand le concierge du château de Pau vint annoncer aux prisonniers que Louis-Philippe, fuyant devant la révolution triomphante, s'était dirigé vers les côtes d'Angleterre, « Quoi! s'écria Kara-Mohamed en toisant avec indignation la livrée royale que portait encore le serviteur stupéfait, ton maître est en Angleterre, et toi, tu es encore ici! Nous, nous franchirions les montagnes et les mers pour suivre le nôtre jusqu'au bout de la terre. En acceptant ses bienfaits, nous lui avons engagé à jamais notre cœur et notre vie. »

Après les compatriotes d'Abd-el-Kader, oublierons-nous ses adversaires? Qui pourrait nommer parmi les Français tous les illustres pèlerins, tous les lointains visiteurs, qui sont venus saluer avec émotion et respect celui qui hier était encore le plus formidable ennemi de la France? Chose touchante! les anciens prisonniers de l'Emir ont été les plus empressés à venir consoler sa captivité, et ces hommages spontanés n'ont pas été le moins énergique démenti donné à ses rares détracteurs.

Rien n'est plus consolant que ce spectacle d'une grande nation entourant de ses respects un ennemi vaincu, saluant la gloire jusque dans la défaite, et protestant par ses généreuses sympathies contre une captivité qu'avaient décrétée quelques hommes violateurs de la foi jurée, mais que la France répudiait au nom de son honneur. Abd-el-Kader, dont l'âme ne se méprend sur aucune nuance des sentiments élevés, apprécia sur-le-champ toute la valeur de ces mille témoignages; il y trouva une douce consolation et une grande force pour supporter la violence qui lui était faite au mépris du droit des gens. Il comprit que ce n'était pas la France qui l'avait trahi et emprisonné, mais ceux qui tenaient la France captive dans les réseaux de leur étroite politique.

Le noble prisonnier, qui avait détourné vers le ciel son regard indigné, le ramena peu à peu vers la terre, et il commença à regarder ses vainqueurs d'un œil bienveillant et mélancolique. Avec quelle affectueuse reconnaissance et quelle grâce exquise il recevait les hommages prodigués à son infortune et à sa gloire! Il étonnait et touchait tour à tour par l'élévation, la finesse, l'à-propos et la délicatesse qui marquaient d'un cachet inimitable chacune de ses paroles. On l'a vu, sans interruption pendant plus de six heures, donner audience à un nombre infini de personnes accourues de tous les points de la France, et appartenant à toutes les classes de la société; et pas une ne le quittait sans emporter de cette entrevue un mot caractéristique et un ineffaçable souvenir.

Des volumes entiers ne suffiraient pas pour contenir les traits heureux qu'il a laissés échapper çà et là pendant sa longue captivité ; mais nous ne pouvons nous refuser le plaisir d'en citer deux ou trois qui s'offrent au hasard sous notre plume.

« Je serai bien reçu à Bordeaux, car c'est
» votre pays. »

Telle fut la première parole qu'il adressa à Mgr Dupuch en arrivant sur les bords de la Gironde.

M. le comte de Sèze, qui porte un nom identifié pour jamais à la défense des augustes infortunes, offrait à l'Emir de plaider sa cause à Paris, en qualité de Représentant du peuple. « Je vous remercie, lui répondit
» le noble captif, et j'accepte. Pour le ta-
» lent, je ne saurais mieux choisir ; et, pour
» le cœur, n'êtes-vous pas l'ami de celui qui
» vous accompagne ? »

Comme l'illustre avocat l'assurait des sympathies d'un général-ministre, l'Emir ajouta : « Je crois vraiment qu'il y a un » foyer d'affection pour moi dans son cœur; » toutefois, que cela ne vous empêche pas » d'y mettre du bois de temps en temps. »

En réunissant avec effusion dans ses mains la main d'un prêtre et celle d'un officier, « J'aime surtout de telles visites et » de tels visages, disait-il, parce que du » premier regard on vous connaît tout en- » tiers. Votre habit n'est-il pas le double » uniforme des âmes dévouées et des cœurs » généreux ? »

A une nombreuse réception, il s'écriait avec une grâce charmante : « Je ne vois » autour de moi que des gens aimables qui » se plaisent à relever le peu de bonnes » qualités que je tiens de la faveur du Ciel; » mais je cherche en vain un ami véritable » qui me parle de mes défauts, bien plus » nombreux. »

« — Je suis désolé du froid de notre

beau pays », — lui disait l'archevêque de Tours à son arrivée au château d'Amboise.

« Il est vrai, répondit l'Emir, que le cli-
» mat semble bien froid ; mais votre accueil
» est si chaud que j'en oublie volontiers la
» rigueur. »

Recevant un colonel à la tête de son état-major : « Merci, colonel ; je suis profondé-
» ment touché de votre visite et de celle de
» vos braves. Vous m'avez vaillamment
» combattu en Afrique, et vous m'avez
» vaincu. J'adore les desseins de Dieu.....
» Mais votre démarche me prouve que vous
» croyez qu'à mon tour j'ai combattu
» comme je le devais ; vous êtes mes meil-
» leurs juges, et je vous remercie de nou-
» veau. »

Puis avec un sourire : « Après tout, et
» sans faire allusion à aucun d'entre vous,
» je dois avoir dans l'armée française plus
» d'un officier qui me garde quelque re-
» connaissance ; car, sans moi, plus d'un

» colonel serait peut-être encore capitaine,
» et plus d'un général, colonel. »

Enfin il disait à un homme d'état ces belles et généreuses paroles :

« Je ne m'irrite pas des douloureux re-
» tards apportés à l'exécution de la con-
» vention conclue entre le général de La
» Moricière et moi. Je sais bien que, dans
» la position où est la France, il y aurait
» de ma part indiscrétion et importunité à
» trop insister en ce moment ; je demande
» seulement à ne pas être trop long-temps
» oublié. »

Hélas! les jours s'enfuirent, et les hommes de Février ne se soucièrent pas plus que les hommes de Juillet de dégager la parole de la France. C'est en vain qu'on s'attendait à voir du moins la liberté sortir des mains de la République ; elle se contenta de l'avoir sur les lèvres, et l'illustre captif, comme la France elle-même, dut se résigner à porter, aux cris de *Vive la li-*

berté ! des chaînes de jour en jour plus lourdes.

La plus généreuse longanimité a son terme, les plus fiers courages ont leurs défaillances. En vain l'Emir cherchait-il dans la religion les consolations qui seules pouvaient encore le soutenir dans la prolongation de telles épreuves. En vain s'efforçait-il par une pénitence continuelle, par des jeûnes volontaires et excessifs, par d'incessantes austérités et d'ardentes prières, de fléchir la rigueur du ciel. Le malheur, l'étreignant de plus en plus, frappait à coups redoublés les endroits les plus sensibles de son cœur, et la captivité, prenant à chaque instant la forme de la mort, lui enlevait sans pitié les plus chers d'entre les siens. A peine ses yeux, inondés de larmes, se détachaient-ils de ceux qui venaient de s'éteindre dans ses bras, qu'il les reportait avec anxiété sur ceux qui lui restaient et que bientôt peut-être attendait le même sort. Après avoir pleuré sur son fils, sur sa fille, sur son neveu, gracieux enfant de la plus brillante espérance, il tremblait pour sa mère, pour sa belle-mère, pour sa nourrice, que leur âge et leurs infirmités exposaient sans défense à tant de mortelles atteintes.

Qui pourra mesurer ce qu'a dû souffrir cette âme ardente et passionnée, qui avait combattu quinze ans pour sauver sa patrie, qui n'avait déposé les armes que pour sauver sa famille, et qui tout à coup, loin de sa patrie, voyait sa famille se consumer dans une lente agonie, au fond d'une prison, sous un ciel ennemi?

Il comptait chaque heure, il sentait que chaque jour qui n'apportait pas la liberté apportait la mort, et sans cesse il contemplait autour de lui avec effroi les triples ravages du climat, de l'exil et de la captivité.

Avec quelle vive émotion ceux qui approchaient l'Emir voyaient s'altérer de

jour en jour ce noble et beau visage, dont les lignes si pures, se jouant de tous les vents et de tous les soleils, avaient, sans en garder la trace, essuyé le feu de cent combats! On ne pouvait, sans tressaillir et sans penser involontairement à un autre captif immortel, suivre les sourds mais incessants progrès d'une souffrance homicide, dans cette âme d'une si forte trempe qui n'avait fléchi devant aucun revers, et dans ce corps d'acier qui avait triomphé de toutes les fatigues et de tous les périls. Et pourtant, dans ces douloureuses épreuves, au milieu des scènes de tristesse et de désolation qui l'entouraient, Abd-el-Kader ne s'est jamais départi un seul instant de l'admirable puissance qu'il a sur lui-même ; il s'efforçait de conserver pour tous la sérénité du visage et de la parole, et, quand une voix amie lui reprochait ses pieuses austérités, « Pourquoi, répon-
» dait-il avec un sourire mélancolique, me
» refuser la consolation et l'espoir de ren-

» dre par là mes prières moins indignes
» de Celui à qui je les adresse du fond du
» cœur et qui peut-être un jour les exau-
» cera du haut du ciel ? »

Une seule fois il épancha son cœur avec toutes ses tristesses dans un cœur dont il avait sondé tous les replis et compris la valeur. Nous copions, sans en retrancher une ligne, cette douloureuse lettre, si pleine d'enseignements :

« Gloire à Dieu seul !

» De la part de ceux qui souffrent dans
» l'exil.

» Salut à celui que nous chérissons
» comme un père, à notre ami le Seigneur
» Dupuch, (l'ancien) évêque de l'Algérie.

» Il connaît, lui, notre affliction, la tris-
» tesse profonde de nos cœurs, nos priva-
» tions et nos besoins ; il les connaît et il
» sait y compatir.

» Que la paix soit sur toi !

» Nous avons reçu les nobles paroles que
» tu nous as écrites. Tu nous annonces que

» tu t'es décidé à publier ton ouvrage sur
» la religion chrétienne en Afrique; cette
» nouvelle nous a réjoui, car nous espé-
» rons que Dieu en bénira la publication,
» et qu'ainsi ce livre deviendra d'une
» grande utilité pour ses serviteurs.

» Mais, hélas! tu nous annonces en mê-
» me temps que tu ne peux pas venir nous
» visiter avant la fin du grand jeûne des
» Chrétiens. Cette dernière nouvelle nous
» a contristé au-delà de toute parole.

» Ne sommes-nous pas malade, et ne
» fais-tu point comme certains médecins
» qui, n'ayant pas entre les mains des re-
» mèdes efficaces, essaient de tranquilliser
» leurs malades par des promesses? C'est
» leur dire en d'autres termes : Mourez,
» car je n'ai pas de médecine égale à votre
» mal.

» Nous nous résignons cependant, en ré-
» pétant : Que ce que Dieu veut se fasse,
» que ce qu'il ne veut pas ne se fasse point!

» Tu veux bien aussi nous parler des

» sœurs de charité que tu as placées au-
» près de nous, et qui ont déjà commencé
» à y remplir leurs miséricordieuses fonc-
» tions. Ah ! nous avons grand besoin de
» secours, en effet, tous tant que nous som-
» mes ici, hommes et femmes; car tous
» nous souffrons cruellement. En voici sur-
» tout la cause :

» Ce pays-ci est pour nous le pays étran-
» ger; nous ne pouvons pas nous accoutu-
» mer à y vivre ; ce climat est très con-
» traire à nos habitudes, et il semble qu'il
» veut nous arracher avec elles jusqu'aux
» derniers restes de notre existence passée.
» Que deviendrons-nous, si Dieu lui-même
» ne nous soutient de son bras puissant ?
» Nous ne cessons de l'implorer.

» Nous n'aurions dû trouver dans ce
» qui nous a été dit depuis le commence-
» ment de notre captivité que de la justice
» et de la sincérité ; mais hélas! l'ambition
» n'aveugle que trop souvent le cœur des
» hommes; ce qu'elle entraîne avec elle les

» rend parfois injustes; elle les empêche
» de croire à la franchise des autres; elle
» dénature à leurs yeux les paroles et jus-
» qu'au bon sens de ceux-ci.

» Certes, nous, désormais, nous n'avons
» plus d'autre ambition que celle qu'un
» pauvre exilé peut avoir encore, c'est-à-
» dire de voir arriver enfin le terme de
» notre désolation, le moment où nous
» pourrons partir pour aller mourir là où
» nous avons demandé de nous retirer.

» Il nous semble pourtant qu'un voyage
» aussi pénible, il nous semble surtout que
» les cruelles angoisses que nous souffrons
» depuis si long-temps, et qui augmentent
» chaque jour par le retard que nous
» éprouvons, justifient bien assez de tels
» désirs.

» Nous promettrions solennellement,
» s'il le fallait, au peuple français, si éle-
» vé dans l'appréciation des malheureux,
» si généreux,— et il serait assuré de la sin-
» cérité, de l'inviolabilité de la parole re-

» mise entre ses mains, — nous jurerions de
» l'aider partout où nous pourrions être,
» bien loin de lui nuire en rien, et il n'y
» aurait pas un seul Musulman qui ne
» s'empressât, à notre imitation, de le ser-
» vir fidèlement, et de marcher à ses côtés
» dans notre cher et noble pays.

» Ici le climat nous fatigue extrêmement,
» il nous use tous peu à peu ; nous ne pou-
» vons plus y vivre sans mourir bientôt

» Les médecins français qui nous visitent
» en sont convaincus, et cette appréhension
» leur fait souhaiter notre prompt départ.
» Il y a, dit-on, des gens qui craignent que
» nous ne fassions du mal, une fois devenu
» libre. Ah! nous, au contraire, nous sa-
» vons bien avec quelle fidélité nous gar-
» derions la paix. Nous serions heureux
» d'être utile à tous, sans exception : vies,
» propriétés, nous les respecterions, nous
» les ferions respecter par nos conseils;
» tous ceux qui nous aiment vivraient dans

» la paix, dans l'union avec vous : nous
« serions heureux, vous aussi.

» Souvenez-vous du proverbe arabe :
» Ne prends pas, ne garde pas avec vio-
» lence, et on te servira, on te donnera
» avec complaisance.

» Tout est, il est vrai, entre les mains
» de Dieu ; car c'est lui qui a tout fait. Mais
» il est un autre proverbe arabe bon à rap-
» peler : Celui qui chérit son serviteur et
» qui lui témoigne de la confiance est as-
» suré d'en recevoir des services en pro-
» portion ; celui qui ne l'aime point, eût-
» il même un jour confiance en lui, ne re-
» cueillera peut-être à la fin que malheur.

» Pour toi, adieu de la part d'Abd-el-Ka-
» der-ben-Mahhi-ed-Din.

» Le quatorzième jour du mois Ettani de
» l'année 1265. »

En même temps une main française écrivait ces lignes :

» Seule, la majesté du malheur soutient

encore Abd-el-Kader au château d'Amboise; mais il concentre sa douleur à un tel point qu'elle en devient réellement effrayante. Qui oserait prévoir, qui pourrait calculer ce qui adviendrait si enfin son courage venait à défaillir ? »

Mais toutes les angoisses, toutes les tortures de cette lente agonie, se résument et se révèlent dans un seul mot, dans le cri déchirant que laissait échapper, à son lit de mort, une des infortunées compagnes d'Abd-el-Kader, succombant à cette incurable maladie de l'exil et de la captivité :

« *La liberté! la liberté! je sens qu'elle me guérirait.* »

Quelques jours avant de mourir, Napoléon s'écriait :

« Où est la France? où est son riant climat? Si je pouvais la contempler encore ! si je pouvais respirer au moins un peu d'air qui ait touché cet heureux pays !... Ah! il y a six ans, à pareil jour, j'étais à Auxerre, au retour de l'île d'Elbe; il y avait des nuages au ciel : *si je pouvais les revoir, ces nuages, je serais guéri !...* »

Arrivés à leur dernier période, le malheur et le génie ne connaissent pas deux langages, ils n'ont plus qu'une seule voix.

Quelle mystérieuse et magique puissance rapproche ainsi, par tant de traits et de vicissitudes, à travers les années et les flots, le nom de Napoléon et le nom d'Abd-el-Kader !

Mais, plus heureux que le géant de la civilisation, le Napoléon du désert aura vu sa captivité finir avant sa vie.

Au moment où cette captivité l'étreignait encore, un rayon du ciel vint illuminer son cœur ; en parcourant les pages tracées par une plume tendrement aimée, son regard y lut avec émotion ces mémorables et prophétiques paroles adressées à la France :

« Oui, sans doute, Abd-el-Kader est aujourd'hui prisonnier comme l'immortel guerrier ; mais il ne le sera pas toujours, il ne le sera pas long-temps, car ce n'est pas de l'Angleterre qu'il est captif, et son sort est désormais entre les mains de Louis-Napoléon ! [1]. »

---

[1] Paroles de Monseigneur Dupuch dans sa brochure intitulée *Abd-el-Kader au château d'Amboise.*

VI

L'HOSPITALITÉ DE LA FRANCE

Le 29 mai 1848, il s'était passé au château de Pau une scène touchante.

Le fils d'un vieux soldat [1], touché par une noble captivité qui lui rappelle celle de Sainte-Hélène, a voulu saluer de ses sympathiques hommages le guerrier dont il voit avec douleur les lauriers se changer en chaînes, et, selon ses poétiques paroles,

---

[1] M. Bugnard, professeur au collége de Pau, aujourd'hui principal.

Le prince dans lequel il revoit l'Empereur :
Car le roi du désert, sacré par le malheur,
Du captif atlantique a presque la grandeur.

Admis en présence de l'Émir, il lui offre une bague dont le chaton renferme un fragment du tombeau de Napoléon. Abd-el-Kader, ému à la vue de la glorieuse relique qui a passé par les mains du général Bertrand, hésite d'abord à la prendre ; mais, pressé de nouveau, il l'accepte en disant : « Ce que vous m'offrez est plus » qu'une pierre précieuse, c'est une pierre » sans prix : car c'est un composé de mar- » tyre et de gloire, et il n'y a pas dans le » monde de perle ou de diamant qui vaille » une parcelle de cette tombe. » Puis, passant la bague à son doigt, « *Peut-être me* » *portera-t-elle bonheur!* » s'écrie-t-il. — « Je le désire et je l'espère, lui répond le fils du soldat de l'empire. »

Le jour même, à la même heure, le président de l'Assemblée Nationale s'apprêtait à lire à la Chambre une lettre que lui adressait de Londres le Prince Louis-Napoléon Bonaparte, revendiquant, on sait avec quelle dignité, ses droits de citoyen français; et le marquis de La Rochejacquelein élevait sa voix énergique en faveur de l'auguste proscrit.

Quatre jours après, le 2 juin, l'Assemblée Nationale prenait en considération et votait implicitement une proposition d'abrogation de la loi de bannissement portée contre la famille Bonaparte.

Trois jours plus tard, le 5 juin, des centaines de mille voix élisaient Représentant du peuple français le Prince Louis-Napoléon.

Huit jours plus tard, le 13 juin, l'Assemblée Nationale proclamait et accueillait dans son sein le neveu, l'héritier de l'Empereur.

Ces quelques heures avaient décidé de l'avenir. La Providence et la France, travaillant de concert, venaient de poser la première marche du trône de Napoléon III, et de briser le premier anneau de la chaîne d'Abd-el-Kader.

Ce rayon qui s'était échappé du tombeau de l'Empereur pour venir illuminer la prison de l'Émir, c'était la Liberté sous la figure de la Gloire.

Bien des heures et bien des vicissitudes séparaient encore cette première aurore du grand jour qui devait la suivre et triompher de tous les nuages amoncelés à l'horizon.

Il se leva pourtant. Le 16 octobre 1852, Louis-Napoléon touchait au trône ; au moment d'y monter, porté par les millions de bras qui lui faisaient un pavois aussi vaste que la France, il vint tout à coup frapper à la porte de l'illustre prisonnier. L'Émir vit devant lui l'héritier du captif de Sainte-Hélène, et il entendit sortir d'une bouche qui sait joindre l'éloquence à la magnanimité ces nobles paroles :

« Abd-el-Kader,

» Je viens vous annoncer votre mise en
» liberté. Vous serez conduit à Brousse,
» dans les états du Sultan, dès que les pré-
» paratifs nécessaires seront faits, et vous
» y recevrez du gouvernement français un
» traitement digne de votre ancien rang.

» Depuis long-temps, vous le savez, vo-
» tre captivité me causait une peine véri-
» table, car elle me rappelait sans cesse
» que le gouvernement qui m'a précédé
» n'avait pas tenu les engagements pris en-
» vers un ennemi malheureux, et rien à
» mes yeux de plus humiliant pour le gou-
» vernement d'une grande nation que de
» méconnaître sa force au point de man-
» quer à sa promesse. La générosité est
» toujours la meilleure conseillère, et je
» suis convaincu que votre séjour en Tur-
» quie ne nuira pas à la tranquillité de nos
» possessions d'Afrique.

» Votre religion, comme la nôtre, ap-

» prend à se soumettre aux décrets de la
» Providence. Or, si la France est maî-
» tresse de l'Algérie, c'est que Dieu l'a vou-
» lu, et la nation ne renoncera jamais à
» cette conquête.

» Vous avez été l'ennemi de la France,
» mais je n'en rends pas moins justice à
» votre courage, à votre caractère, à votre
» résignation dans le malheur; c'est pour-
» quoi je tiens à honneur de faire cesser
» votre captivité, ayant pleine foi dans vo-
» tre parole. »

Par ce grand acte de justice et de générosité, le Prince avait dégagé la parole et sauvé l'honneur de la France.

Nous n'essaierons pas de décrire cette scène si pleine de grandeur, d'enseignements et d'émotions. Elle effaçait d'un seul trait quatre années de pénibles souvenirs et de douloureuses épreuves.

Le *Moniteur*, en l'enregistrant pour l'histoire, s'exprimait en ces termes : « Le Prince a marqué la fin de son voyage par un grand acte de justice et de générosité nationale : il a rendu la liberté à l'Emir Abd-el-Kader... La politique loyale et généreuse est la seule qui convienne à une grande nation : la France saura gré au Prince de l'avoir suivie. »

Ce n'est pas seulement la France, c'est l'Europe entière qui allait applaudir à cette victorieuse inauguration d'une politique magnanime. Quant à l'Emir, il l'appréciait ainsi : « D'autres ont pu me terrasser, d'autres ont pu m'enchaîner; mais Louis-Napoléon est le seul qui m'ait vaincu ! »

Douze jours après, le 28 octobre, Abd-el-Kader entrait à Paris. Il avait voulu que le premier usage de sa liberté fût pour venir rendre grâces à son libérateur. La capitale de la France allait donner au monde le double spectacle de la plus noble reconnaissance de la part d'un vaincu et de la plus noble hospitalité de la part d'un vainqueur.

Par les ordres du Prince et les soins de

M. le ministre de la guerre, une réception digne de la France attendait l'Émir et sa suite. La population parisienne se chargeait, de son côté, de faire spontanément à un ennemi malheureux l'accueil le plus respectueux, le plus sympathique, et, l'on pourrait presque dire, le plus enthousiaste, voulant honorer à la fois la noblesse du vaincu et la générosité du vainqueur.

Le 30 octobre, Abd-el-Kader, accompagné d'une brillante escorte et d'une foule immense, ayant avec lui M. le ministre de la guerre, M. le général Daumas, directeur des affaires de l'Algérie, M. le baron Boissonnet, chef d'escadron d'artillerie, M. Bellemare, interprète du ministère de la guerre, Kara-Mohamed, son ancien et fidèle agha, aujourd'hui son intendant, et Sidi-Allal, le jeune représentant de la grande famille des Oulad-Sidi-Embarack, allait rendre au château de Saint-Cloud l'immortelle visite du château d'Amboise.

Louis-Napoléon, entouré des officiers de sa Maison, et ayant à ses côtés MM. les ministre d'Etat, de l'Intérieur, de la Justice, de la Marine et des Affaires Etrangères, a reçu l'illustre visiteur. Présenté par M. le ministre de la guerre, l'Émir a voulu baiser la main que lui offrait le Prince; mais S. A. I. a ouvert les bras, et Abd-el-Kader, profondément ému, s'y est jeté avec effusion. Puis, après quelques secondes de recueillement, il prit la parole :

« Mon Seigneur,

» Je ne suis pas accoutumé à vos usages,
» mais je désire vous dire quelques mots
» qui dépeignent à vous et à tous les sei-
» gneurs assemblés l'état de mes senti-
» ments. »

Sur un signe d'assentiment du Prince, il a continué ainsi :

« En France, je le sais, beaucoup ne

» croient pas à mes serments; mais vous,
» mon Seigneur, vous y croyez et vous y
» croirez toujours. J'ai juré sur le Koran de
» ne jamais retourner en Afrique. Ce ser-
» ment, je le renouvelle. D'autres avaient
» fait des promesses, et ils ne les ont pas te-
» nues; vous, vous avez réalisé des enga-
» gements que vous n'aviez pas contractés.

» Mon Seigneur, je dépose entre vos
» mains cette pièce signée de moi. Les pa-
» roles s'envolent au souffle du vent; mais
» les écrits restent ineffaçables et éternels.
» La pièce que je vous remets constate et
» renouvelle les serments que je vous ai
» faits et que je maintiens sollennelle-
» ment. »

A ces nobles paroles, prononcées d'une voix ferme et accentuées par des gestes très expressifs, une vive émotion s'est peinte sur tous les visages. Le prince partageait l'émotion générale; il répondit à l'Emir :

« Abd-el-Kader,

« Je n'ai jamais douté de toi. Je n'avais
» nul besoin de cette pièce écrite que tu
» m'offres si noblement. Je ne t'ai deman-
» dé, tu le sais, ni serment ni promesse.
» Tu as voulu cependant me transmettre
» cet écrit ; je l'accepte, et la spontanéité
» que tu mets à dévoiler tes sentiments est
» la preuve que j'ai eu raison d'avoir con-
» fiance en toi. »

Cette déclaration solennelle, ce monument inviolable de reconnaissance et d'amitié, c'était le digne parallèle du discours d'Amboise. En lisant ces paroles, on sent qu'un seul cœur, quelque grand qu'il soit, n'a pu les inspirer ; il en fallait deux :

« Louange au Dieu unique !
» Que Dieu continue à donner la victoire à Napoléon, à Notre Seigneur, le Seigneur des rois. Que Dieu lui vienne en aide et dirige ses actions.
» Celui qui est actuellement devant vous est l'ancien

prisonnier que votre générosité a délivré, et qui vient vous remercier de vos bienfaits, Abd-el-Kader, fils de Mahhi-ed-Din.

» Il s'est rendu près de Votre Altesse pour lui rendre grâce du bien qu'elle lui a fait, et pour se réjouir de sa vue : car, j'en jure par Dieu, le maître du monde, vous êtes, Monseigneur, plus cher à mon cœur qu'aucun de ceux que j'aime. Vous avez fait pour moi une chose dont je suis impuissant à vous remercier, mais qui n'était pas au dessus de votre grand cœur et de la noblesse de votre origine. Vous n'êtes point de ceux qu'on loue par le mensonge et que l'on trompe par l'imposture.

» Vous avez cru en moi, vous n'avez pas ajouté foi aux paroles de ceux qui doutaient de moi, vous m'avez mis en liberté, et moi je vous ai juré solennellement par le pacte de Dieu, par ses prophètes et ses envoyés (c'est le plus grand serment que puisse faire un Musulman), que je ne ferai rien de contraire à la confiance que vous avez mise en moi, que je ne manquerai jamais à mes promesses, que je n'oublierai jamais vos bienfaits, que jamais je ne remettrai le pied en Algérie. Lorsque Dieu a voulu que je fisse la guerre aux Français, je l'ai faite ; j'ai fait parler la poudre autant que je l'ai pu, et quand il a voulu que je cessasse de combattre, je me suis soumis à ses décisions et je me suis retiré. Ma religion et ma noble origine me font une loi de tenir mes serments et de repousser toute fraude. Je suis Chérif (descendant du Prophète), et je ne veux pas qu'on puisse m'accuser d'imposture. Comment cela serait-il possible quand votre bonté s'est exercée sur moi d'une manière si éclatante? Les bienfaits sont un lien passé au cou des gens de cœur.

» Je suis témoin de la grandeur de votre empire, de la force de vos troupes, de l'immensité des richesses de la France, de l'équité de ses chefs et de la droiture de leurs actions. Il n'est pas possible de croire que personne puisse vous vaincre et s'opposer à votre volonté, si ce n'est le Dieu tout-puissant.

» J'espère de votre bienveillance et de votre bonté que vous me conserverez une place dans votre cœur, car j'étais loin, et vous m'avez placé dans le cercle de vos intimes; si je ne les égale pas par mes services, je les égale du moins par l'amitié que je vous porte.

» Que Dieu augmente l'amour dans le cœur de vos amis et la terreur dans le cœur de vos ennemis.

» Je n'ai plus rien à ajouter, sinon que je me confie à votre amitié. Je vous adresse mes vœux et vous renouvelle mon serment.

» Écrit par Abd-el-Kader-ben-Mahhi-ed-Din (30 octobre 1852). »

Le prince, voulant exercer jusque dans leur plus exquise courtoisie les devoirs de l'hospitalité, offrit à l'Emir de lui faire visiter lui-même toutes les magnificences du palais. Cette promenade à travers tant de splendeurs fournit à Abd-el-Kader l'occasion d'exprimer à maintes reprises et avec une grâce charmante son admiration et sa reconnaissance pour la France et son chef.

« Mes os sont vieux, disait-il à S. A. I.,
» mais ici il me semble que je commence
» une nouvelle vie ; je sens d'ailleurs que
» mon être tout entier a été renouvelé par
» vos bienfaits. »

« Un gouvernement fort s'appuie sur
» deux choses : sur la justice, a-t-il dit en
» saluant M. Abatucci, et sur l'armée, a-t-
» il ajouté en se tournant vers M. le géné-
» ral de Saint-Arnaud. »

Arrivé aux écuries, dont il admirait le luxe et la tenue, « C'est un second palais ! » s'est-il écrié. Comme il s'extasiait surtout devant un magnifique cheval arabe à la robe de neige. « Je le mets à ta disposition,
» lui dit le Prince. Je veux qu'il te fasse

» oublier qu'il y a long-temps que tu n'es
» monté à cheval. Tu viendras l'essayer
» avec moi dans le parc, et tu le monteras
» ensuite à la revue de cavalerie qui aura
» lieu, à ton intention, à Versailles. »

Abd-el-Kader, profondément touché de cette délicate attention, en témoigna chaleureusement sa gratitude, et, quand il prit congé de son hôte auguste, il se retira emportant un ineffaçable et splendide souvenir de l'hospitalité qu'il avait reçue dans le palais des rois de France.

Après avoir été rendre hommage à son libérateur, l'Emir voulut que sa seconde visite fût pour le frère de l'Empereur. L'ancien Roi de Westphalie, entouré des officiers de sa Maison et de M. le baron de Lacrosse, secrétaire du sénat, le reçut avec une aimable cordialité, lui fit parcourir le palais des Médicis, et eut pour le Sultan déchu de ces nobles paroles qu'un Bonaparte sait toujours trouver pour honorer la gloire et faire oublier le malheur,

L'Emir, qui savait qu'une grande ressemblance existait entre le Roi et l'Empereur son frère, ne pouvait se lasser de contempler avec émotion des traits qui étaient pour lui, disait-il, « la vivante image de l'homme merveilleux qui, du haut de son trône, a régné sur l'Europe, et qui, du fond de sa tombe, règne aujourd'hui sur le monde. » Sa Majesté l'ayant embrassé avec effusion, il répétait, en se retirant, que « l'un des plus grands bonheurs de sa vie était d'avoir pu coller ses lèvres sur le visage du noble frère de Napoléon. »

Tenant à honneur d'assurer de son respect et de son dévoûment toute la famille de l'Empereur, il s'empressa d'aller saluer LL. AA. II. la princesse Mathilde, le prince Napoléon et le prince Murat. Madame la princesse Mathilde fit gracieusement à l'illustre guerrier les honneurs d'une de ses brillantes soirées.

L'Emir se rendit non seulement chez M. le ministre de la guerre, hôte aussi courtois désormais que jadis adversaire redoutable, mais aussi chez MM. les ministres d'Etat, de l'Intérieur, de la Police générale, de la Justice, des Affaires Etrangères et de la Marine, qui tous lui firent l'accueil le plus cordial et le plus empressé.

M. l'amiral baron de Mackau, M. le préfet de la Seine, M. le préfet de police, reçurent également sa visite.

Mais il se garda surtout d'oublier les illustrations militaires qui lui rappelaient le champ de bataille : M. le maréchal comte Vaillant, qui a si glorieusement conquis, sous le soleil d'Afrique et le feu de la mitraille, son bâton de maréchal de France; M. le général Magnan, qui allait recevoir le sien le lendemain, et qui naguère, après avoir dès le premier jour pris une part illustre à la conquête de l'Algérie, avait encore eu l'honneur de voir son épée réclamée au dernier acte de cette grande lutte; M. le général Charron, ancien gouverneur général, aujourd'hui président du comité de l'Algérie, qui a toujours su effacer par l'éclat de ses services l'éclat des honneurs et des titres dont on les récompensait. Avec ces anciens et nobles adversaires, Abd-el-Kader s'est longuement et chaleureusement entretenu de l'armée française, de son histoire, de ses vertus et de ses lauriers ; il a parlé, en termes éloquents, de la haute admiration qu'elle lui avait toujours inspirée tout en le combattant, et de la vive affection qu'elle lui inspirait aujourd'hui en lui tendant une main si hospitalière.

L'Émir, qui avait voulu aller saluer, chez M. le général comte d'Ornano, et le grand-chancelier de la Légion-d'Honneur et l'un des beaux noms de l'histoire militaire de la France, renouvela entre ses mains son serment de fidélité : « Non seu-
» lement, a-t-il dit, je serai désormais l'a-
» mi des Français, mais je serai l'ami de
» leurs amis et l'ennemi de leurs enne-
» mis. » Ayant rencontré, chez M. le grand-

chancelier, M. Victor Foucher, ancien directeur des affaires civiles de l'Algérie sous l'administration du duc d'Isly, il lui a pris la main avec chaleur, et s'est écrié : « Vous avez servi sous un homme pour lequel j'ai conservé une vénération profonde. Ce grand maréchal Bugeaud m'a fait la guerre comme un ennemi noble et loyal; il m'a appris à aimer, à apprécier, à admirer les Français. Les lettres qu'il m'a écrites pour m'engager à devenir l'ami de sa nation, les conseils qu'il m'a donnés, et qui étaient ceux d'un père et d'un sage plutôt que ceux d'un adversaire, ne sortiront jamais de ma mémoire. Son image, comme la première étoile qu'on découvre à l'horizon du désert, m'a souvent apparu dans les moments pénibles de ma carrière agitée, et son souvenir ne s'éteindra qu'avec ma vie. »

Abd-el-Kader, qui témoigne en toute occasion le plus profond respect pour la religion catholique et ses ministres, avait aussi manifesté le vif désir d'offrir ses hommages à Monseigneur de Paris. Sa Grandeur, entourée de M. l'abbé Bautain, l'un de ses vicaires généraux, et de quelques autres ecclésiastiques, le reçut avec une affectueuse bonté. L'entrevue fut tout à la fois imposante et pleine de sympathie. L'Émir parla avec feu de l'immortalité de l'âme, sans laquelle l'homme ne serait qu'un ver de terre, et de la nécessité de la vie future, sans laquelle celle-ci ne serait qu'un leurre et une ombre ; et, en prenant congé du vénérable prélat, il lui renouvela avec émotion l'assurance de toute son admiration pour le clergé français, dont il avait eu, dit-il, tant d'occasions de connaître et d'apprécier les vertus en Afrique et en France.

Quant aux visites illustres qu'Abd-el-Kader reçut, nous ne les mentionnerons pas : notre plume reculerait épouvantée devant une telle tâche. Qu'il nous suffise de dire que les visiteurs s'inscrivaient par milliers à sa porte, et que sa mémoire reconnaissante n'a oublié aucun des noms de cette liste d'honneur.

Il en est deux ou trois cependant qu'on ne nous pardonnerait pas d'omettre ici.

Dans l'enceinte même de la première église qu'il visitait à Paris, l'Émir, s'adressant à M. le curé de la Madeleine, lui demandait des nouvelles de Monseigneur Dupuch, *le Français qu'il affectionne le plus de tous ceux qu'il a connus aux jours de sa puissance*; et, se tournant vers M. le commandant Boissonnet, il lui disait : « Vous me conduirez chez lui dès demain. »

Le lendemain, l'apôtre de l'Algérie l'avait devancé, et, accompagné des deux prêtres qui, après avoir partagé ses plus rudes labeurs, se sont dévoués à consoler ses malheurs [1], il frappait à la porte de son vieil ami.

---

[1] MM. les chanoines Montera et Vazilier.

Abd-el-Kader était à table quand on lui annonça l'arrivée de l'évêque. Se levant précipitamment, il s'élança au devant de lui... Mais laissons parler un plus fidèle et plus éloquent narrateur. M. l'abbé Vazilier, encore tout ému de cette scène touchante, retraçait le lendemain en ces termes l'entrevue dont il avait été l'heureux témoin :

« ... A peine furent-ils en présence l'un de l'autre que leurs bras s'ouvrirent, et leur joie fut si vive, qu'elle ne put s'épancher d'abord que dans un long et muet embrassement. C'était un spectacle attendrissant que celui de ces deux hommes, éprouvés par le malheur et constants dans l'amitié, se contemplant en silence avec des yeux remplis de larmes, un religieux recueillement régnait autour d'eux, tandis que leurs cœurs se parlaient dans une mutuelle étreinte.

» Abd-el-Kader était si profondément ému, qu'il ne put d'abord prononcer une seule parole : ce fut de la main qu'il pria Mgr Dupuch de s'asseoir près de lui, et lui offrit, ainsi qu'aux prêtres qui l'accompagnaient, de partager sa collation. Enfin l'évêque lui dit :

« Depuis long-temps je désirais te voir
» et me réjouir avec toi de ta liberté : j'ai
» beaucoup prié pour qu'elle te fût ren-
» due, et je bénis la main qui a brisé ta
» captivité. »

» Abd-el-Kader lui répondit :

« C'est toi le premier Français qui m'ait
» compris, le seul qui m'ait toujours com-
» pris : ta prière est montée vers Dieu;
» c'est Dieu qui a éclairé l'esprit et touché
» le cœur du grand prince qui m'a visité
» et rendu libre. »

» Pendant tout le temps que dura cette visite, Abd-el-Kader tenait étroitement serrée entre ses mains la main de Mgr Dupuch, et il témoigna à plusieurs reprises le vif désir de le revoir encore, de le revoir bientôt.

« Quand tu seras de retour à Amboise, lui dit l'évêque, je demanderai à passer quelques jours avec toi. »

« Oui, répondit l'Emir, mais viens me revoir ici. Je ne te verrai jamais assez. »

» Et, lorsque le moment de se séparer fut venu, des larmes brillèrent de nouveau dans ses yeux, et, dans un dernier embrassement, il semblait redire à l'évêque cette parole qu'il avait dite à Amboise en se séparant de lui la dernière fois : *Il me semble que mon âme s'arrache de mon corps quand tu t'éloignes de moi.*

» Durant toute cette entrevue si touchante, une pensée semblait pénétrer ceux qui en furent les heureux témoins : c'est que la religion et la piété sincère ont un bien grand empire sur les âmes, puisqu'elles ont gagné à un évêque catholique et français le cœur du plus fier des Croyants et de notre ennemi le plus redoutable; et, en présence de ce noble caractère, de cette tendresse généreuse, qui brillent dans le regard et les paroles d'Abd-el-Kader, chacun se disait qu'en le rendant à la liberté, Louis-Napoléon avait suivi l'inspiration d'une grande âme, honoré son pouvoir et glorifié sa patrie. »

Une autre visite bien significative, et qui honore à la fois celui qui la faisait et celui qui la recevait, c'est celle de M. le général Courby de Cognord, l'héroïque captif de de Sidi-Brahim. A la vue de son ancien prisonnier, Abd-el-Kader est sorti de son état habituel de calme et de mélancolique douceur; son visage s'est animé subitement et s'est coloré comme du reflet d'un éclair.

« — Puisque te voilà, a-t-il dit au géné-
» ral, je veux protester en ta présence con-
» tre les accusations injustes qui pèsent
» sur moi. On dit que j'ai ordonné le mas-
» sacre des prisonniers français. Il a eu
» lieu contre mes ordres et contre ma
» volonté. Dans ce moment-là j'étais dans

» le Rif, chez les Beni-Snassen, à cent cin-
» quante lieues de là. »

« — Il est regrettable, a répondu le gé-
» néral, que tu n'aies pas puni les auteurs
» du massacre. »

« — Le pouvais-je? s'écria l'Emir. Nos
» prisonniers étaient chez les Marocains;
» la discorde était chez mes chefs qui ne
» m'obéissaient plus. Mes soldats, aigris
» par les revers, n'avaient qu'une poignée
» d'orge pour vivre. Ne m'en demande pas
» davantage. Je ne veux pas me faire l'ac-
» cusateur d'autrui... » Puis sur la physionomie mobile de l'Emir s'est peinte une
douloureuse émotion, qui se manifeste
chaque fois que son esprit se reporte vers
ce triste souvenir.

Le général a pris alors les mains d'Abd-
el-Kader, et les a serrées avec effusion.

Quelle éloquence il y a dans ce peu de
mots et dans ce serrement de mains! Quel
hommage rendu à la noblesse du caractère
d'Abd-el-Kader que cette visite du général

français! Si cette éclatante protestation contre de déplorables accusations eût eu besoin d'être corroborée, elle l'eût encore été quelques heures plus tard par un autre prisonnier de Sidi-Brahim, échappé aussi à la mort, et rendu à la liberté par l'Émir. Ce brave guerrier[1] venait, tout meurtri encore des blessures du champ de bataille, lui offrir, non seulement l'assurance de ses bons sentiments, mais ses services actifs et dévoués, heureux de l'accompagner jusqu'à Brousse et de s'expatrier pour lui. Qu'ajouterait-on à de pareils éloges?

L'Émir, de son côté, a saisi toutes les occasions de témoigner sans cesse l'estime et l'admiration que lui avaient depuis longtemps inspirées les chefs de l'armée française, et notamment celui qui fut son plus terrible adversaire, le regrettable maréchal Bugeaud.

---

[1] M. Michel.

Recevant la visite de M. le comte Vigier, ancien pair de France, et apprenant que c'était chez lui qu'était mort le maréchal, il lui a serré affectueusement la main, et lui a dit : « L'homme qui a eu l'honneur
» de donner l'hospitalité à ce grand capi-
» taine mourant, et qui a été digne de re-
» cevoir son dernier soupir, est mon
» ami. »

M. Blanqui, de l'Institut, qui a entretenu une importante correspondance avec le duc d'Isly pendant toute la durée de son administration, avait eu la gracieuse attention d'offrir à l'Émir quelques unes des lettres dans lesquelles le maréchal parlait de lui dans des termes qui ont dû vivement le flatter. En les recevant, avec un exemplaire du Koran qui avait été pris dans une rencontre avec ses propres troupes, Abd-el-Kader parut saisi d'une émotion profonde, et, après s'être assuré que c'était vraiment l'écriture du maréchal, il dit à M. Blanqui : « Ce présent a pour moi *une*

» *valeur de plus d'un million*, et je veux
» vous écrire de ma main pour vous en
» remercier. » En même temps, il pressait
sur son cœur les précieux autographes.

M. Jules de Cambacérès, ancien préfet des Basses-Pyrénées, s'étant fait inscrire à sa porte, l'Émir lui a fait savoir qu'il serait trop heureux de pouvoir lui serrer la main, et, M. de Cambacérès ayant satisfait avec empressement à son désir, il lui exprima combien il avait conservé un souvenir reconnaissant des sympathies que les habitants de Pau n'avaient cessé de lui manifester pendant son trop court séjour dans le château de Henri IV. « J'ai été vi-
» vement affligé, lui dit-il, que la Répu-
» blique m'ait arraché, en 1848, à cette
» belle demeure, et, en la quittant, ce
» n'est pas seulement la douceur du cli-
» mat, c'est surtout la bonté des habitants
» que je regrettais : ils avaient couronné
» ma captivité des doux rayons de l'hospi-
» talité. Dites-leur bien que des rivages

» de l'Asie ma pensée traversera souvent
» l'eau salée (la mer) pour aller les visiter. »

Sur la gracieuse invitation de Louis-Napoléon, Abd-el-Kader se rendit une seconde fois à Saint-Cloud, pour la promenade convenue. Son Altesse Impériale, qui avait près d'elle M. le ministre de la guerre, le reçut avec un affectueux empressement. Les chevaux arabes destinés à l'Émir et à ses deux nobles compagnons étaient parés d'un harnachement oriental de grand prix. La selle disposée pour l'ancien Sultan d'Afrique était un présent fait au Prince par l'Empereur de Turquie. La promenade commença immédiatement; elle fut longue, animée, pleine de charme et d'abandon. C'était un spectacle saisissant que de voir ces deux princes, si divers par leur origine et leur carrière, l'un descendu du trône, l'autre prêt à y monter, tous deux déjà marqués au front du sceau de l'histoire, réunis de si loin par de si prodigieux événements, et cheminant amicalement sous ces beaux ombrages, témoins de tant de grandeurs évanouies. Il était beau surtout de voir ces deux cavaliers, qui, ne connaissent point de maîtres, montant, l'un un cheval anglais, l'autre un cheval arabe, et rivalisant de grâce et d'habileté sur ces coursiers choisis parmi les deux premières races du monde.

Au milieu de ce beau parc rempli de daims, de cerfs et de chevreuils, Abd-el-Kader, en voyant apparaître çà et là ces hôtes familiarisés avec leur poétique solitude, s'écriait : « Je me croirais en plein » Sahara ! »

La conversation devenant de plus en plus intime et cordiale, le Prince demanda avec bonté à l'Émir des nouvelles de sa mère. Les yeux d'Abd-el-Kader s'animèrent alors d'un feu plus vif que de coutume, et il répondit avec émotion : « Pen» dant ma captivité, ma mère avait besoin » d'un bâton pour soutenir son corps

» courbé par les ans; depuis que je suis
» libre par votre volonté généreuse, le
» bonheur l'a rajeunie, le poids des ans a
» disparu, elle marche sans bâton, et elle
» a retrouvé sa santé et sa jeunesse d'au-
» trefois. »

Au retour de la promenade, Louis-Napoléon lui montra quatre magnifiques cavales, présent du vice-roi d'Égypte. Abd-el-Kader, qui n'a pas de rival dans les connaissances hippiques, les étudia avec une savante curiosité, et leur décerna cet éloge sans appel : « Elles sont de la plus noble race! »

Le café fut ensuite offert par le Prince à l'Émir, puis tous deux se quittèrent, chacun gardant de son hôte illustre une impression de plus en plus vive et profonde.

Quelques jours après, Abd-el-Kader dînait au palais de Saint-Cloud, et l'on remarquait, parmi les nombreux convives de S. A. I., M. le prince Callimaki, ambassadeur de la Sublime-Porte, qu'on avait eu l'attention de placer près de l'Émir, et qui s'est longuement entretenu avec lui de la célèbre ville de Brousse, sa future résidence. Une splendide réception, dans laquelle figuraient les ministres, les membres des grands corps de l'État, la plupart des illustrations françaises, et les ambassadeurs des puissances étrangères, a suivi le dîner, et a dû, en montrant hautement de quelle façon le chef de l'État entendait exercer l'hospitalité à l'égard du captif de la veille, achever d'effacer l'amer souvenir qu'Abd-el-Kader eût pu garder de son séjour en France.

Un autre spectacle pouvait seul peut-être lui prouver davantage encore la bienveillance de Louis-Napoléon, c'était la grande revue ordonnée en son honneur par S. A. I.

Cette solennité militaire a laissé dans la mémoire d'Abd-el-Kader et de tous ceux qui y ont assisté un saisissant et majestueux souvenir.

Un train spécial avait été mis à la disposition des illustres voyageurs. Dans le splendide wagon-salon qu'occupait l'Émir, ce n'est pas sans émotion qu'on voyait assis près de lui M. le ministre de la guerre, M. le général Magnan, M. le général Daumas, M. le général Cornemuse et M. le général de Rilliet, tous ses anciens et vaillants adversaires, heureux aujourd'hui de lui serrer la main et de lui faire les honneurs de l'armée française.

Quelle noblesse il y a dans ce terrible métier des armes où l'on s'honore tout en se combattant, et où la gloire, survivant aux batailles, peut réunir un jour dans une sublime hospitalité les guerriers des deux camps!

Bientôt le train d'honneur entrait à toute vapeur dans la gare de Versailles, où M. le général de Ladmirault, rude joûteur aussi dans les combats d'Afrique, l'attendait à la tête de son état-major et des troupes chargées de rendre les honneurs militaires à l'Émir.

Abd-el-Kader, montant en véritable Sultan arabe le magnifique pur sang, si gracieusement offert par S. A. I., prit la tête du cortége, ayant à sa droite M. le ministre de la guerre, et à sa gauche M. le général Daumas. Derrière lui étincelait un immense état-major, formé de tous les généraux de l'armée de Paris, de l'élite des chefs de corps et d'une députation d'officiers étrangers aux riches uniformes. Les brillantes armures des carabiniers ouvraient et fermaient la marche.

Depuis la mémorable journée du 10 mai, nulle revue n'avait offert pareil spectacle.

L'infanterie formait la haie, et la foule compacte qui saluait l'Émir de son accueil le plus sympathique en rehaussait encore l'éclat.

Nous ne décrirons pas le merveilleux panorama qu'offrit la belle plaine de Satory lorsqu'une armée tout entière y déploya tout à coup, dans tous les sens, avec une dextérité fabuleuse, ces innombrables lignes de cavalerie et d'artillerie; lorsque carabiniers, cuirassiers, dragons et lanciers s'entremêlèrent de toutes parts; lorsque tous ces escadrons, s'élançant à la fois, et tous ces canons, tonnant en même temps, firent retentir les airs et trembler la terre. Tout le monde connaît l'armée française et l'habileté de ses chefs. Nous dirons seulement que M. le général de Saint-Arnaud a, dans la scène éblouissante qu'il a déroulée sous les yeux de l'Émir, épuisé en une heure les manœuvres les plus habiles de la stratégie, toutes les ressources de la tactique et toutes les merveilles du génie de la guerre.

Abd-el-Kader, encore tout ému de ce spectacle palpitant qui, en lui rappelant les jours de sa puissance, lui donnait une si haute idée de celle de la France, eut bientôt à admirer un autre spectacle, plus pacifique, mais non moins majestueux. Les splendeurs de la monarchie française se dressaient devant lui sous la forme d'un palais sans pareil. M. le ministre de la guerre voulut faire lui-même à l'Émir les honneurs de la demeure de Louis XIV. Qui pourrait peindre les impressions qu'éprouva le roi du Désert en parcourant ces salles féeriques et ce parc qui n'a pas d'égal dans l'univers? Que dire, sinon que le siècle du grand roi était là tout entier en marbre et en or, que l'histoire de France déroulait ses quatorze cents ans sur une toile sans fin, que les eaux jouaient, que le soleil brillait,... et qu'Abd-el-Kader était là !

Le soir de cette belle journée, l'Émir dînait chez M. le ministre de la guerre, qui avait réuni, en son honneur, quatre-vingts convives, choisis parmi les premiers rangs de l'Etat, de l'armée, de la diplomatie et de l'aristocratie, et une splendide réception couronnait ce festin de l'hospitalité.

Il y a six cents ans, on voyait Gilles de

Trazegnies, connétable de France, combattre aux côtés de saint Louis, sur le sol africain, les descendants du Prophète et les ancêtres d'Abd-el-Kader.

Aujourd'hui, on voyait sur le sol français le fier Sultan des Arabes, le fils de Mahomet, devenu l'hôte d'un ennemi, s'asseoir à la table de celui qui l'avait vaillamment combattu, et saluer en chevalier, chez M. le ministre de la guerre, non seulement la vaillante épée du général, mais le glorieux sang du connétable et du croisé[1].

Quel spectacle et quels enseignements ! A six siècles de distance, l'armée française a vu, sous deux noms divers, ses deux

---

[1] On sait que M. le maréchal de Saint-Arnaud, qui s'est si rapidement illustré sur les champs de bataille de l'Afrique, s'est allié à l'antique maison des Trazegnies en épousant l'héritière du valeureux connétable tant aimé de saint Louis, son maître, et du sire de Joinville, son beau-frère. On conserve encore à Versailles l'armure de Gilles de Trazegnies.

chefs, unis par les liens du sang, se mesurer face à face avec les chefs de l'Afrique musulmane.

L'un, connétable, partageant le malheur après avoir partagé la gloire, s'associe courageusement à la captivité de saint Louis, prisonnier des Emirs, puis recueille pieusement son dernier soupir sur les ruines de Carthage.

L'autre, ministre, partageant les honneurs de la victoire après en avoir partagé les périls, s'associe noblement à la clémence de Louis-Napoléon, et s'honore de faire oublier au plus illustre des Emirs le souvenir de la captivité.

Au treizième siècle, la France avait montré aux Musulmans l'héroïsme dans les revers ; au dix-neuvième, elle leur montre la courtoisie dans la victoire.

Abd-el-Kader, au milieu de toutes ces somptueuses réceptions, n'avait pas oublié les monuments qui font de Paris la capitale du monde ; il les visita tous avec un empressement et un intérêt qui ont donné chaque jour une preuve de plus de l'étendue de ses connaissances et de l'élévation de ses idées.

Il voulut que sa première visite fût pour la maison de la prière, et il commença par l'église de la Madeleine son pèlerinage à travers tant de monuments divers. Dès le lendemain de son arrivée à Paris, il s'y rendait avec sa suite. M. l'abbé De Guerry l'attendait au pied des degrés du portique de son église. L'Emir lui a serré les mains, lui a exprimé combien il était heureux de rencontrer, dès le premier pas, un des plus éloquents et des plus dignes représentants du clergé de Paris; puis, ayant pris affectueusement son bras, il fit ainsi son entrée dans le temple. L'immense foule qui encombrait les abords de l'église et qui la remplissait éprouva une saisissante impression quand elle vit ce glorieux chef des Musulmans franchir avec respect le seuil d'un temple catholique en donnant le bras à un prêtre. Cette impression devint de l'émotion quand on vit l'Emir, arrivé au pied de l'autel, demeurer tout à coup dans une pieuse immobilité, et prier pendant quelques instants avec un indicible recueillement.

Pour nous, qui avons eu le bonheur d'assister à cette scène si éloquente dans sa simplicité, nous n'avons pu nous empêcher de songer involontairement à Witikind, devenu chrétien.

L'Emir, ayant ensuite examiné les détails de l'édifice, dit à M. le curé : « Hélas!
» moi qui croyais, quand j'ai commencé
» ma lutte terrible contre les Français,
» qu'ils n'avaient aucun sentiment reli-
» gieux! J'ai été bien désabusé depuis;
» mais, si je ne l'eusse pas été, je le serais au-
» jourd'hui en voyant les magnificences de
» ce temple. »

Puis, comme il demandait quel souverain l'avait fait construire, et qu'on lui répondait que c'était Napoléon : « Oh! s'est-il écrié, je reconnais l'homme aux grandes conceptions ! »

Il s'informa ensuite avec chaleur de Mgr Dupuch, *son vieil ami de l'Algérie*, et dit : « Je veux aller le voir demain : après avoir consacré à Dieu ma première visite, je dois visiter ses meilleurs serviteurs. »

Arrivé à la grille, il serra de nouveau les mains au noble pasteur en lui exprimant toute sa gratitude pour sa pieuse hospitalité, et les voitures se dirigèrent vers Notre-Dame.

La mystique splendeur de la vieille basilique frappa profondément Abd-el-Kader. Cette poésie religieuse répandue sur chaque pierre et cette majesté des siècles ajoutée à la puissance du génie et de la foi, allèrent droit à son âme, et le plongèrent pendant quelques minutes dans une muette extase.

Après avoir parcouru dans tous les sens cette forêt de colonnes et d'arceaux, après avoir admiré les chefs-d'œuvre de sculpture et de peinture qui forcent de s'arrêter à chaque pas, il fut conduit par M. l'abbé Tresvaux, l'un des chanoines du chapitre, au trésor de la métropole. Là, ébloui par tant de richesses, où la religion, l'histoire et l'art apparaissent dans leur plus noble éclat, il considéra surtout, avec une émotion dont sa belle physionomie reflétait toute la vivacité, le manteau impérial que Napoléon portait le jour du sacre, le reliquaire renfermant un morceau de la Croix et donné par l'Empereur Baudouin à saint Louis, enfin le globe qui contient l'os vertébral extrait de la dépouille mortelle de Mgr Affre, et portant la trace visible de la balle homicide.

Avant de quitter Notre-Dame, l'Emir a voulu jouir du magnifique panorama que l'œil découvre du haut de ces tours séculaires. Il entreprit avec joie cette rude ascension, et, bientôt arrivé à moitié de l'interminable escalier, il s'arrêta avec étonnement sur la plate-forme de la galerie, où un fauteuil avait été placé à son intention. Parvenu au sommet, il laissa échapper un cri d'admiration à la vue de l'immense capitale et de la multitude de ses édifices.

« C'est une ville de géants ! » s'est-il écrié ; puis il est resté long-temps à contempler et à étudier cet océan d'habitations humaines.

Cette double et chrétienne visite avait rempli la première journée d'Abd-el-Kader à Paris.

Le sanctuaire de l'armée, l'Hôtel-des-Invalides, devait bientôt à son tour attirer les pas de l'illustre guerrier. En entrant dans ces vénérables murailles qui lui montraient le soldat français revêtu de la triple majesté de la vieillesse, du martyre et de la gloire, il sentit son âme profondément remuée.

Reçu avec honneur par M. le général Sauboul et tout l'état-major de l'hôtel, il trouva un accueil plein de respect et de sympathie chez tous ces braves, heureux d'ouvrir leurs rangs et de témoigner leur admiration à un ancien et noble ennemi de la France.

L'Émir demanda tout d'abord à se rendre à l'église. Quand il eut franchi le seuil de ce temple de la victoire élevé au dieu des armées, quand il vit ces voûtes constellées des drapeaux de toutes les nations de l'univers, il s'arrêta et se recueillit. Puis, ayant reconnu parmi ces trophées du champ de bataille quelques étendards enlevés à ses propres soldats : « Ces temps » sont loin, dit-il avec émotion ; je veux les » oublier. J'aime mieux être à aujourd'hui ! »

On le conduisit au tombeau de l'Empereur. A la vue de ce magnifique sépulcre, entouré de la plus belle garde d'honneur qui ait jamais environné un trône, il laissa échapper ces mots : « Tout ce que le génie » de l'homme et les richesses de la terre » réunis pouvaient faire, c'était de donner » à ce tombeau un reflet de la grandeur de

» celui qui remplit le monde de son nom :
» ils y sont parvenus. C'est le plus beau
» triomphe de l'art, car les pyramides des
» bords du Nil sont bien petites si on les
» mesure avec l'homme qui a quitté les
» solitudes de l'Océan pour venir dormir
» sur les bords de la Seine. » Puis, en se
retirant : « Je viens de voir le lieu où est
» l'enveloppe mortelle du grand capi-
» taine; mais je chercherais en vain dans
» le monde entier le lieu où sa gloire ne
» soit pas vivante. »

En sortant de l'église, il a pressé les mains du vénérable curé des Invalides, M. l'abbé Ancelin, en lui disant : « J'aime beaucoup
» les prêtres; c'est à eux qu'est réservée la
» belle mission de sauver les âmes de l'a-
» baissement, et les sociétés de la ruine. »

M. Hutin, chirurgien en chef de l'hôtel, qui a passé de longues années en Algérie, dit à l'Émir, en le conduisant à l'infirmerie, qu'il avait souvent soigné des guerriers arabes blessés et prisonniers.

« Je suis heureux, lui répondit affec-
» tueusement l'Émir, de savoir que tu as
» soigné mes frères d'armes. Partout j'ai
» trouvé beaucoup de générosité et de dé-
» voûment chez les médecins français pour
» mes blessés : je les remercie tous en ta
» personne. »

En pénétrant dans les vastes salles de l'infirmerie, il a ajouté d'une voix émue :
« Il est digne d'un grand peuple de veiller
» ainsi sur les vieux jours de ses coura-
» geux serviteurs, et de faire soigner par
» les premiers hommes de la science les
» blessures reçues pour la patrie. C'est un
» grand chagrin pour moi de penser que
» quelques uns des braves qui se trouvent
» ici ont été blessés par mes armes; mais
» je défendais mon pays, et les Français, si
» courageux et si bons, me pardonneront
» en se souvenant que j'ai été un ennemi
» loyal et digne d'eux. »

Ces nobles paroles ont produit une vive impression sur tous les assistants. Après

avoir parcouru dans tous ses gigantesques détails cette glorieuse demeure, si bien placée sous la royale garde du frère de l'homme immortel qui la remplit de son ombre, Abd-el-Kader lui a fait ses adieux en ces termes : « Cette maison tout entière est un
» temple qui honore celui qui l'a fondé,
» ceux qui l'habitent et celui qui le gou-
» verne. »

L'Emir ne pouvait oublier, dans ses visites, l'un des monuments les plus merveilleux de l'intelligence humaine et de la civilisation moderne. Il se hâta de se rendre à l'Imprimerie Nationale. Le directeur, M. de Saint-Georges, ayant près de lui M. Charles Abattucci, M. Mohl, de l'Institut, inspecteur de la typographie orientale, M. Oscar de Vallée, substitut du procureur général, M. Genty, maire du 7e arrondissement, M. Baucel, curé de Saint-Jean-Saint-François, M. le docteur Péron, auteur de la traduction des lois musulmanes, M. de la Grange, tous les chefs de l'imprimerie et plusieurs représentants de la littérature, des sciences et des arts, reçut l'Emir sur le perron de l'hôtel.

Dans le salon de réception, sur une table d'honneur, étaient placés de riches présents destinés à l'illustre visiteur. Un compliment en arabe, imprimé sur satin blanc, orné d'un cadre bleu et de vignettes en diverses couleurs, était ainsi conçu :

« Louange au Dieu unique !
» Le Chérif très élevé,
» L'Émir glorieux,
» Le Pèlerin Abd-el-Kader,
» (Que Dieu prolonge ses jours et rende sa vie heureuse),
» A honoré de sa visite fortunée la maison de l'Imprimerie du gouvernement français,
» Le 6 novembre de l'année du Messie 1852, de l'Hégire 1269. »

Les autres présents offerts à l'Émir étaient : une grammaire arabe-française de M. Pihan, prote de l'atelier oriental; des notices et précis des caractères étrangers, et un spécimen de la typographie française. Tous ces ouvrages, richement reliés et ornés, portaient une dédicace écrite en langue arabe.

Abd-el-Kader, touché de tant de délicates attentions, en remercia vivement M. le directeur, et ajouta : « Tant que j'ai été
» prisonnier, je n'ai pas voulu m'initier à
» une langue dont on avait déshonoré à
» mes yeux les plus belles expressions et
» trahi à mon égard les paroles les plus sa-
» crées. Mais aujourd'hui que je suis l'hôte
» de la France, et qu'elle me traite avec
» une si magnanime générosité, je tien-
» drais à honneur de connaître une lan-
» gue qui a produit tant de chefs-d'œuvre
» et qui sert d'interprète à de si nobles
» sentiments, et je ne saurais trouver,
» ailleurs que dans les cadeaux que vous
» m'offrez, une plus précieuse occasion de
» commencer cette belle étude. »

La visite de l'immense établissement a ensuite commencé. La collection orientale, une des plus riches du monde, imprimée en or et en couleur, a frappé d'admiration l'Émir.

En passant devant le buste du général Bernard, ancien ministre de la guerre et beau-père de M. de Saint-Georges, il a demandé quel était le portrait de ce guerrier. Lorsqu'on a prononcé son nom, l'Émir a répondu : « Oh! je le connais, et j'ai, dans le temps de ma puissance, envoyé par Ben-Arach, mon trésorier, plusieurs cadeaux à sa famille en signe de mon estime particulière. »

Conduit dans l'atelier secret où se sont produits, sous l'énergique et courageuse protection de MM. de Saint-Georges, de Béville et de La Roche d'Oisy, les actes immortels qui ont sauvé la France en une heure, Abd-el-Kader s'est fait rendre compte des détails solennels et dramatiques de la nuit mémorable du 2 décembre, et s'est écrié avec enthousiasme : « Quelle
» est donc la volonté puissante de ce grand

» Sultan des Français qui a accompli de
» si grandes choses en si peu de temps ! »

Une nouvelle surprise attendait l'Émir dans la grande salle des presses mécaniques. Après s'être assis près de l'une d'elles pour la voir fonctionner, il a vu arriver sous sa main, avec une vitesse de plusieurs mille à l'heure, la copie de sa lettre de soumission à Son Altesse Impériale, imprimée dans le dialecte arabe le plus usité en Algérie.

La reproduction de cet acte désormais historique a produit la plus vive impression sur Abd-el-Kader, lorsqu'il a vu par ses yeux la rapidité avec laquelle le gouvernement français pouvait répandre ce document parmi toutes les tribus de la plaine et du désert.

« J'ai vu hier, a-t-il dit, les foudres de l'artillerie ; mais dans ce moment, je vois devant moi *les grands canons de la pensée.* »

« Puissent, a-t-il ajouté, toutes ces tribus
» qui se sont levées à ma voix et ont lutté

» si long-temps avec moi contre la France,
» partager, en lisant ces paroles, les senti-
» ments d'admiration et d'amitié que m'ont
» pour toujours inspirés cette grande na-
» tion et son glorieux chef ! »

Etant arrivé aux magnifiques ateliers de la lithographie, et s'étant fait expliquer l'usage des presses autographiques, l'Emir a demandé une plume et du papier, et après s'être assis, il a tracé d'une main ferme et nette les lignes suivantes, qui ont été instantanément reproduites sous ses yeux :

« Gloire au Dieu unique !
». Paris tout entier est merveilles,
» Et le plus merveilleux de ce qu'il renferme,
» C'est l'établissement de l'Imprimerie nationale.
» Lumière de Dieu sur les intelligences humaines !!!
» Que salut et paix soient au Directeur
» De l'Imprimerie, Monsieur de Saint-Georges !!!
» De la part de son ami Abd-el-Kader, fils de Mahhi-ed-Din, le 7e avant-dernier jour du mois de Moharrem, de l'année 1269. »

Après s'être reposé un instant et avoir

admiré la belle statue de Guttemberg qui décore la cour d'honneur, il a pressé avec effusion la main du directeur, en lui disant en français : *Je vous remercie beaucoup !* et, ayant salué toute la savante assistance, il est remonté en voiture, avec sa suite, au milieu des flots de population qui se pressaient sur son passage.

En sortant de l'Imprimerie Nationale, l'Emir voulut se rendre immédiatement à la Bibliothèque Nationale. M. Naudet, directeur, et MM. Le Normand, Taschereau et Magnin, chefs des principales divisions de ce colossal établissement, lui en firent les honneurs avec une gracieuse courtoisie.

Dans l'immense collection numismatique, Abd-el-Kader, qui possède une remarquable érudition historique, s'est arrêté long-temps et avec un vif intérêt devant un grand nombre de médailles qui remontent aux premiers temps de la civilisation arabe.

Dans la galerie des manuscrits, si riche en œuvres orientales, il a remarqué avec émotion le manuscrit de la *Poétique* d'Aristote, traduit en arabe trois siècles après l'Hégyre, à une époque où les Lettres en Europe sortaient à peine de la barbarie.

Avant de quitter ce palais de la science, où son admiration avait été excitée à un si haut degré, l'Emir écrivit sur le registre destiné à recevoir les noms des visiteurs de distinction :

« Le 6 novembre de l'année du Messie 1852, correspondant à l'année 1269 de l'Hégyre, j'ai visité ce riche établissement. J'y ai vu des choses extraordinaires, des livres précieux, que l'on conserve plus précieusement que l'or et l'argent. »

L'Émir visita successivement ensuite l'Hôtel de la Monnaie, l'Hôtel-de-Ville, le Musée d'artillerie, et la plupart des monuments importants de la capitale, emportant de tous et laissant dans tous une impression profonde.

Il assista aussi aux représentations des principaux théâtres. Invité à la fête splendide que l'Académie de Musique donna au prince Louis-Napoléon quelques jours avant son avénement au trône, il prit part à cette ovation triomphale de son libérateur, et, admis dans la loge de S. A. I., il put mêler l'expression de sa reconnaissance au témoignage éclatant de celle de tout un peuple.

Bientôt après, une solennité musicale donnée en l'honneur de l'Émir lui-même faisait accourir à la salle Sainte-Cécile toute l'aristocratie parisienne. Le *Selam*, cette belle symphonie orientale de MM. Théophile Gauthier et Ernest Reyer, exécutée avec toute l'habileté qu'on peut attendre d'artistes de premier ordre, et si bien faite pour rappeler à l'illustre exilé les scènes émouvantes de la vie arabe, eut pour Abd-el-Kader le double charme d'une attention et d'un chef-d'œuvre.

A l'Hippodrome, un spectacle saisissant l'attendait. Pour la première fois, il assistait à une ascension aérostatique. Les deux ballons, le *Zéphir*, dirigé par M. Coste, et l'*Eole*, dirigé par M. Henri Toutain, s'élevèrent ensemble sous ses yeux et exécutèrent avec plein succès leur merveilleuse lutte aérienne. En présence de ce phénomène si émouvant, l'une des dernières et peut-être la plus hardie des victoires remportées par le génie sur la nature, l'Émir manifesta tous les signes de la plus vive admiration, et, après s'être fait rendre compte scientifiquement de tous les préparatifs de l'ascension, il suivit longtemps des yeux, dans les profondeurs du ciel, la marche majestueuse des deux aérostats.

Le Cirque avait, pour un homme qui est connu dans le monde entier comme le premier cavalier de l'Afrique, un attrait particulier. Aussi honora-t-il plusieurs fois de sa présence ces savantes manœuvres qui sont comme le suprême effort de la lutte entre l'homme et le plus noble des animaux. Il exprimait ainsi son joyeux étonnement :

« Je savais que les Français étaient, par leur génie et leur courage, au dessus des autres hommes ; mais je ne les savais pas encore aussi agiles et aussi légers que les gazelles de nos déserts. »

Abd-el-Kader s'était rendu aussi avec empressement aux Arènes Nationales et y avait admiré les courses de chevaux et de chars, la richesse et l'éclat des costumes et des scènes historiques, et enfin une seconde ascension du *Zéphir*. Mais le souvenir le plus vif qu'il emporta de ce brillant spectacle, c'est celui de l'accueil qu'il y reçut.

C'était la veille de son départ. Non seulement les spectateurs, accourus en foule, lui témoignèrent, pendant toute la représentation, les plus généreuses sympathies, mais, à la sortie des Arènes, la population tout entière du faubourg Saint-Antoine, se précipitant en masses compactes au devant de l'Émir, lui fit une véritable ovation, aussi affectueuse que spontanée. Ses voitures, malgré leur escorte de cavalerie, ne purent qu'à grand'peine se frayer un passage, et pendant près d'une heure elles durent, tantôt stationnant forcément, tantôt avançant péniblement au pas, subir jusqu'à la porte Saint-Martin les assauts affectueux de cette foule innombrable. Au risque de se faire écraser, les ouvriers s'élançaient aux portières et disaient à l'Émir, en lui offrant de chaleureuses poignées de main : « *Abd-el-Kader, reste toujours notre ami !* »

« Tu vois comme sont les Français, lui dit M. Bellemare, qui l'accompagnait. Pendant la guerre ils ont été pour toi de terribles ennemis ; aujourd'hui, qu'ils sont tes hôtes, ils t'honorent pour ta valeur dans les combats et ton héroïsme dans l'adversité. »

« Grâce au Très-Haut, a répondu l'Emir,
» touché jusqu'aux larmes de cette mani-
» festation populaire, mon rôle est termi-

» né, et je pourrai toujours rester digne
» de l'amitié des Français. »

Le séjour, si noblement mémorable de part et d'autre, qu'Abd-el-Kader venait de faire à Paris fut couronné le lendemain par une dernière entrevue avec le Prince vers qui tous ces hommages devaient remonter en actions de grâce. L'Emir, étant allé au palais de Saint-Cloud prendre congé de son hôte auguste, en reçut l'accueil le plus affectueux. Louis-Napoléon, en faisant à Kara-Mohamed et à Sidi-Allal de riches présents, dit à Abd-el-Kader que le présent le plus agréable qu'il ait cru pouvoir lui faire c'était un sabre d'honneur. « *Ce sabre*, lui dit S. A. I., *je te le donne,*
» *parce que je suis certain que tu ne le tire-*
» *ras jamais contre la France.* »

L'Emir, profondément ému, a quitté le Prince en lui renouvelant l'assurance de sa gratitude et en lui remettant la lettre suivante, qui en est une nouvelle et éloquente preuve :

« Louange au Dieu unique !

» Que Dieu prolonge les jours de mon Seigneur Louis-Napoléon ! qu'il lui donne la victoire et le bonheur le plus complet !

» Vous m'avez fait l'accueil le plus bienveillant ; vous m'avez accordé des honneurs que pas un autre que vous n'eût accordés à un homme comme moi. Personne ne s'étonne des actes généreux qui sortent de votre cœur, car c'est chez vous qu'ils ont établi leur demeure ; c'est vous qui enseignez ces actes au monde.

» Que votre règne se prolonge autant que la durée du soleil, autant que le niveau des mers, et puissiez-vous accomplir tous vos désirs !

» Je retourne à Amboise, car je sais que vous êtes occupé d'affaires considérables (que Dieu vous vienne en aide !) ; mais je suis certain que vous ne m'oublierez pas plus si j'habite Amboise que si j'habitais Paris.

» Je sais que la France demande que vous soyez Empereur ; vous méritez ce titre à cause de tout ce que j'ai vu, à cause de tout ce que j'ai appris.

J'espère que vous me donnerez la permission de venir, à cette occasion, me réjouir à Paris avec tous ceux qui vous aiment, et, je vous le jure, à moi seul je prendrai la moitié de la joie ; je n'en laisserai que l'autre moitié à partager entre tous vos autres amis.

» Le salut de la part de celui qui vous remercie de vos bienfaits.

» Abd-el-Kader-ben-Mahhi-ed-Din.

» Écrit cinq jours avant la fin de Moharrem 1269 de l'Hégyre. »

En quittant Paris, Abd-el-Kader en emportait et y laissait les plus heureux et les plus profonds souvenirs. Nous ne citerons ni les témoignages flatteurs qu'il reçut de la presse et de la littérature, ni le nom des artistes distingués qui sollicitèrent l'honneur de reproduire ses traits. Il faudrait un second volume à notre livre. Mais nous voulons citer deux fragments qui montrent comment cette visite et cette hospitalité étaient jugées à l'étranger.

Le *Morning Herald* s'exprimait ainsi :

« Tout ce que nous lisons sur la conduite d'Abd-el-Kader à Paris a véritablement un attrait qui plaît et charme. Il y a dans la conduite de cet homme une grâce, une dignité, une piété, qui portent jusqu'à l'admiration la sympathie que l'infortuné captif a jusqu'ici inspirée au monde.

» Est-ce à cause du profond sentiment de bonheur qu'il éprouve de se voir délivré d'une captivité trop long-temps prolongée qu'il s'est dépouillé de cette stoïque réserve et de cette orgueilleuse impassibilité de l'Arabe en présence des merveilles de la civilisation chrétienne, ou bien notre propre manière de voir nous a-t-elle trompés ?

» Toujours est-il certain que l'Émir montre une expansion de surprise, une disposition à s'ouvrir aux impressions agréables, qui forment un contraste frappant avec l'attitude des chefs de sa race qui jusqu'à présent ont figuré dans la capitale de leurs vainqueurs. »

Voici ce qu'on lisait la veille dans le *Morning-Post* :

« La politique s'est tue devant l'intérêt immense qu'excite la présence d'Abd-el-Kader à Paris. On sait qu'il va ce soir à l'Opéra, et les places se vendent à des prix fabuleux.

» La libération de ce noble et vaillant homme a mis dans tous les cœurs une joie immense, mais dans aucun cette joie n'a été plus profonde que chez Louis-Napoléon, qui a toujours pensé que l'honneur de la France tenait à la situation d'Abd-el-Kader. Un de mes amis, qui a été ministre de Louis-Napoléon, immédiatement après son élection de 1848, me racontait que dans un des premiers conseils tenus à l'Elysée, Louis-Napoléon amena la discussion sur la libération de l'illustre chef arabe. Il est notoire aujourd'hui que, si Abd-el-Kader n'a pas plus tôt été rendu à la liberté, c'est qu'il y avait entre le prince et lui le contrôle de l'Assemblée et du ministère, mais que, du jour où Louis-Napoléon a reconquis sa volonté toute puissante et incontestée, il s'est empressé de prendre toutes les mesures pour rouvrir à l'Émir les portes de la captivité. »

Nous ne raconterons pas le départ de l'Emir, son nouveau séjour à Amboise, les félicitations que vinrent lui offrir les autorités de la ville, et la fête organisée par les exilés reconnaissants et consolés. La joie qui était entrée, le 16 octobre, dans les sombres murs de la féodale demeure, s'y doublait ce jour-là. Laissons seulement un témoin oculaire peindre les premières émotions du retour :

« Au seuil de la grande porte du château, Abd-el-Kader a trouvé réunis les principaux chefs associés à sa fortune, et particulièrement ses deux kalifats Sidi-el-Hadj-Mustapha et Si-Kaddour. Mais, se bornant à les saluer de la main, il s'est précipité au devant de Zohra, sa vieille mère, qui l'attendait à la porte de ses appartements. D'abord il l'a embrassée avec émotion sur les deux épaules, puis il s'est humblement prosterné à ses pieds, qu'il couvrit de baisers. Zohra a relevé son fils et l'a conduit dans le salon d'honneur, où elle lui a demandé avec instance le récit circonstancié de son voyage.

» Abd-el-Kader a fait asseoir sa mère, puis, se tenant debout devant elle, il a satisfait à sa demande, gravement et avec tous les signes d'une respectueuse soumission. Au récit des splendeurs de la réception faite à l'Emir, le visage de Zohra s'est mouillé plusieurs fois de larmes d'attendrissement. Puis, une fois ce devoir rempli, l'Emir a pris le bras de sa mère pour la conduire à la mosquée, où se trouvaient réunis les anciens compagnons de sa captivité. Là l'Emir, à haute voix, a rendu grâce à Dieu d'avoir éloigné de lui et des siens tout accident, et d'avoir disposé en sa faveur les cœurs de la nombreuse population qu'il venait de visiter. Il a terminé sa prière en invoquant de la Providence la conservation des jours du nouveau César dont la magnanimité a mis un terme à sa longue captivité. Cette scène, pleine de grandeur dans sa simplicité même, a vivement impressionné les personnes qui en ont été témoins. »

A Amboise, comme à Paris, Abd-el-Kader n'a pas laissé passer un seul jour ni une seule occasion sans manifester hautement sa reconnaissance et son dévoûment envers la France et son Prince. Madame Le Fèvre Deumier, dont tout le monde connaît le beau talent dans la statuaire, ayant eu la généreuse et délicate pensée d'offrir à l'Émir le buste de son auguste libérateur, il lui écrivit immédiatement cette lettre :

« Louange au Dieu unique !

» A la Seigneurie de sa très noble, très élevée, très gracieuse Madame Le Fèvre Deumier. Que le salut soit sur votre honorée Seigneurie.

» J'ai reçu le précieux cadeau que vous m'avez envoyé, et qui, à mes yeux, vaut plus d'un million : c'est le portrait de *mon Seigneur* qui m'a honoré de son amitié, le portrait du Sultan Louis-Napoléon (que Dieu lui donne la victoire) !

» La joie que me fait éprouver votre don me vient de deux côtés : *c'est le portrait de l'ami qui habite mon cœur, et ce portrait est votre œuvre.* Il restera pour moi-même un souvenir de votre amitié.

» Dieu vous récompense à cause de moi !

» Le salut de la part d'Abd-el-Kader-ben-Mahhi-ed-Din.

» Écrit 9 jours avant la fin de Moharrem 1269. »

La grande âme de l'Émir n'a pas tardé à trouver, dans l'un des actes les plus solennels de l'histoire de France, une sublime occasion de sceller dans les fondations d'un empire le témoignage impérissable de son indissoluble alliance avec le peuple franc.

Le 21 novembre, vingt années, jour pour jour, après qu'il s'était vu lui-même élire Sultan des Arabes, la nation entière élisait Louis-Napoléon Empereur des Français. Abd-el-Kader trouva dans son cœur une inspiration qui l'honorera devant la postérité, et il dicta la lettre suivante :

« Louanges infinies à Dieu pour ses grâces infinies !

» Au premier magistrat de la ville, à Monsieur Trouvé, maire d'Amboise, salut !

» (L'Émir) Sid-el-Hadj-Abd-el-Kader a l'honneur de vous demander à exercer le droit des *citoyens* de France pour la nomination du Sultan, car nous devons nous regarder aujourd'hui comme Français, par l'amitié et l'affection qu'on nous témoigne et par les bons procédés qu'on a pour nous.

» Nos enfants ont vu le jour en France, vos filles les ont allaités ; nos compagnons, morts dans votre pays, reposent parmi vous ; et S. A. I. le Sultan, juste entre les justes, généreux entre les généreux, nous a rangés au nombre de ses enfants, de ses soldats, en daignant nous remettre un sabre de ses mains impériales. Dieu soit propice au Prince ! Qu'il perpétue sa puissance, sa grandeur et sa gloire ! Amen !

» Écrit par El-Hadj-Mustapha-ben-Ahmed-ben-El-Thamy (Khalifa), le 9 de safar 1269, par ordre de Sid-el-Hadj-Abd-el-Kader (20 novembre 1852). Dieu soit en aide à tous et nous dirige dans la voie du bien par sa grâce et sa protection. Amen ! »

Le *Moniteur* du 2 décembre constatait en ces termes cet acte mémorable :

« Corps Législatif. — Procès-verbal de la séance du mardi, 30 novembre 1852. Présidence de M. Billaut :
» Après avoir constaté la liberté et la régularité complètes des opérations dans tous ces départements, M. le Rapporteur (du 7e bureau) expose que l'Émir Abd-el-Kader a demandé à prendre part au scrutin. M. le Maire d'Amboise a cru devoir obtempérer à son vœu, en recevant dans une urne spéciale quatorze bulletins affirmatifs exprimant le suffrage de l'Émir et celui de treize personnes de sa suite. M. le Rapporteur ajoute que ces bulletins n'ont pas dû être compris dans le recensement, mais qu'ils seront conservés comme un témoignage de reconnaissance et de dévoûment pour le Chef de l'État, comme un document qui appartient à l'histoire.
» M. le Président dit que le Corps Législatif voit avec plaisir cette preuve de plus de la loyale soumission d'Abd-el-Kader à la France. »

Le 2 décembre, quand la France proclamait et bénissait le nom de Napoléon III,

Abd-el-Kader, debout à une fenêtre des Tuileries, contemplait, le cœur plein de joie et les yeux pleins de larmes, la marche triomphale du nouvel Empereur et l'attendait pour le saluer l'un des premiers sur les marches du trône. L'Empereur, en entrant dans le palais des rois, s'avança vers l'Émir et lui prit la main en lui disant cette simple et profonde parole : « *Votre voté m'a porté bonheur!* »

« Sire, lui répondit l'Émir, ma voix n'est
» rien par elle-même : elle n'est quelque
» chose que parce qu'elle est l'interprète de
» mon cœur; mais si mon sang avait quel-
» que valeur aux yeux de Votre Majesté,
» elle sait qu'il lui appartient comme ma
» voix et mon cœur, et je la prie d'en dis-
» poser à toute heure et partout! »

Dans la soirée, à la réception qui termina cette solennelle journée, on lui présentait un illustre compagnon de Napoléon Ier à l'île d'Elbe. L'Émir, se tournant vers l'Empereur, dit avec un aimable à-propos : « Je

» crois que Monsieur aurait bien des ri-
» vaux si Napoléon III était jamais dans le
» cas d'accepter de semblables services ; on
» se disputerait l'honneur de le suivre non
» seulement à l'île d'Elbe, mais jusqu'à
» Sainte-Hélène, et je vous déclare, Mes-
» sieurs, que vous trouveriez dans Abd-el-
» Kader un redoutable compétiteur qui ne
» céderait sa place à personne. Cette fois
» je ne rendrais pas les armes aux Fran-
» çais, ou plutôt je réclamerais sans merci
» mon titre de citoyen français. Mais ras-
» surons-nous : l'Empereur qui monte au-
» jourd'hui sur le trône n'aura jamais be-
» soin d'éprouver ainsi le dévoûment de
» ses amis, et jamais personne, pour le ser-
» vir, n'aura besoin de se séparer de la
» France. »

Abd-el-Kader, qui se connaît en hommes, avait éprouvé sur le champ de bataille tous ces guerriers de forte trempe
qui, en ce jour de fête, entouraient de
l'éclat de leurs noms et de leurs insignes

le trône de Napoléon III, et qui, au jour du péril, sauraient le couvrir de leur épée et de leur sang. De quelque côté que se portât son regard, il reconnaissait un visage héroïque qu'il avait rencontré dans les rudes tournois africains. D'un côté, c'étaient les aides de camp de l'Empereur : MM. les généraux Roguet, Canrobert, de Goyon, de Cotte, de Montebello, Espinasse et de Lourmel, les colonels de Béville, Fleury et Ney, qui tous ont passé par le feu avant d'arriver aux honneurs ; de l'autre, MM. les généraux comte d'Hautpoul, grand-référendaire, comte Baraguay-d'Hilliers, vice-président du sénat, comte de Schramm, Korte, Renault, Partouneaux, Feray, et vingt autres que nous avons déjà nommés ou qu'on nomme sans nous. Partout donc l'Emir retrouvait d'anciens adversaires : c'est pourquoi il donnait et recevait de toutes parts de si chaudes poignées de main ; c'est pourquoi, tout autour de lui, il trouvait et rendait tant d'estime et tant d'affection. Jadis, sur le champ de bataille, ces vaillantes épées s'étaient disputé les lauriers ; maintenant, unies au pied du trône, elles ne songeaient plus qu'à saluer mutuellement leur gloire.

Deux jours après, la magnanimité de l'Empereur portait bonheur aux armes françaises. — Pendant que la nation entière saluait de ses acclamations la résurrection de l'Empire, et que l'Emir y mêlait sa voix sous les lambris dorés des Tuileries, l'armée d'Afrique y répondait au delà des mers par une victoire. Debout sur les remparts pulvérisés de Laghouat, elle consacrait de son sang les aigles du nouveau César, et faisait retentir, pour la première fois, jusque dans les solitudes du Sahara, les cris de *Vive l'Empereur!* mêlés à des chants de triomphe.

Quelques jours après, l'Émir retournait à Amboise, et le 11 décembre il quittait, avec sa famille et sa suite, cette résidence de quatre années, que l'hospitalité sympathique des habitants lui avait rendue moins amère. En s'éloignant, il prouvait à tous que la mémoire de son cœur n'oubliait aucun nom, et il laissait à son tour des souvenirs et des regrets dont la note suivante, publiée par M. le maire d'Amboise, est l'éloquent et historique témoignage :

« Abd-el-Kader, captif avec sa famille et ses serviteurs fidèles, tous au nombre d'une centaine, a résidé au château d'Amboise pendant plus de quatre années. Durant ce temps, la mort a frappé plusieurs des compagnons d'infortune de cet homme remarquable. Ils ont été inhumés sur un des points les plus élevés du jardin de leur résidence.

» Abd-el-Kader, rendu à la liberté par le chef de l'État, vient de quitter Amboise. Avant son départ, il a exprimé le vœu qu'on respectât le coin de terre où reposent les restes mortels de plusieurs des membres de sa famille, ainsi que de quelques uns de ses serviteurs. Il a aussi manifesté son intention de venir les visiter en mai prochain 1853.

» Abd-el-Kader a laissé à Amboise des souvenirs honorables. Quoique sans fortune personnelle, il a voulu soulager les pauvres en donnant pour eux, au bureau de bienfaisance, quelques centaines de francs. Quoique prêtre mahométan, il a fait don à l'église paroissiale d'Amboise d'un lustre magnifique, le plus beau de ceux qui ornaient les salons du château, et dont il avait fait l'acquisition quelque temps avant son départ.

» Les habitants d'Amboise, touchés de la conduite généreuse de l'Émir, ont résolu de lui en témoigner leur sympathie en faisant élever une tombe sur les cendres de ceux de sa tribu qui sont morts au château. Ne voulant pas être exclusifs dans l'accomplissement de cet acte sympathique, ils ont, en vue d'y faire concourir leurs concitoyens, ouvert une souscription à la mairie de leur ville, sous les auspices de la commission municipale, instituée comité de l'exécution du monument.

» Les souscriptions seront mentionnées dans un récit historique qui restera déposé aux archives de la mairie. »

En sortant d'Amboise, au moment de quitter la France, Abd-el-Kader et sa Smala séjournèrent deux heures à Paris, et ce court passage donna lieu à une scène d'adieux qui ne s'effacera pas du souvenir de ceux qui en ont été les heureux témoins. Il était nuit quand l'arrivée de l'Émir fut signalée. Toutes les mesures avaient été prises pour écarter la foule. Un petit nombre de personnes seulement avaient été admises dans les salons préparés, à l'embarcadère même, pour l'illustre voyageur, et dans lesquels l'attendait une élégante collation. MM. les administrateurs de la compagnie du chemin de fer de Lyon, plusieurs hauts fonctionnaires représentant les ministères de la guerre et des affaires étrangères, quelques invités et quelques dames, témoignaient une fois de plus à l'Émir, à sa famille et ses nobles compagnons, quels étaient les sentiments de la capitale de la France envers la gloire et le malheur.

Rien ne saurait peindre le caractère merveilleux, étrange, pittoresque, saisissant, émouvant et solennel de ce repas d'adieux, et de cette première halte du voyage. C'était une scène de la Bible et du désert aux portes de Paris.

Pour nous, qui avons eu la rare fortune d'y assister, nous en garderons toute notre vie, devant nos yeux, l'ineffaçable image. Nous n'oublierons pas surtout que, en ac-

ceptant avec bonté l'hommage de notre livre « *l'Armée française* », il nous disait ces paroles que nous ne rapportons que parce qu'elles s'adressent au drapeau de la France : « Je devrais me croire indigne de
» cet honneur, moi qui ai été si long-temps
» l'adversaire de cette noble armée. Pour-
» tant j'accepte, car aujourd'hui je sens
» que l'admiration et l'amitié que j'ai pour
» elle m'ont donné le droit de toucher de
» mes mains les lauriers de son histoire. »

Puis, s'asseyant avec M. le général Daumas à la table d'honneur disposée pour lui, et, assimilant par une faveur dont elle était indigne notre plume à une épée, il daigna nous traiter en adversaire du champ de bataille et nous offrir de partager avec lui le *gâteau de l'amitié*.

Nous dépouillant aujourd'hui d'un honneur qui ne nous appartenait pas, nous nous hâtons d'en rendre grâce à l'armée, et de lui restituer ce qui lui revient de droit, afin qu'à son tour elle en tienne compte à l'Émir.

L'heure du départ sonna. Abd-el-Kader, serrant une dernière fois toutes les mains qui se tendaient vers lui, répondit avec émotion aux affectueuses démonstrations dont il était l'objet, puis, s'étant jeté dans les bras du général Daumas, et l'ayant chargé de transmettre encore à l'Empereur la vive assurance de sa gratitude et de son dévoûment, il monta dans le magnifique salon de la voiture impériale. Quelques instants après, le train spécial qui emportait vers l'Orient l'illustre caravane s'éloignait à toute vapeur.

Le lendemain le *Moniteur* saluait en ces termes le départ de l'Émir :

« Depuis que la magnanimité de l'Empereur a mis un terme à sa captivité, l'Emir n'a pas cessé d'en témoigner sa reconnaissance dans les termes les plus propres à garantir la loyauté de ses intentions pour l'avenir et la sincérité de ses sentiments, tant envers la France, dont il a pu apprécier la grandeur, qu'envers le Prince qui a obéi à l'élan de son cœur en lui rendant la liberté.

» Tout indique d'ailleurs que pour lui le souvenir de son séjour en France n'aura rien d'amer....

» Ce n'est pas d'aujourd'hui qu'il s'est montré sensible aux égards qu'on lui a témoignés, et que des hommes choisis avec soin par le gouvernement ont su concilier avec le religieux accomplissement de leur mission. Aussi a-t-il exprimé le désir d'être accompagné jusqu'à Brousse par les personnes qu'il est habitué a voir autour de lui : M. le commandant Boissonnet, M. le docteur Tyron, l'interprète Boulad, sa mère, et l'interprète Cuberin. Le gouvernement défère à des vœux qui prouvent avec quels ménagements la France avait traité un ennemi vaincu, et qui montrent dans Abd-el-Kader une nature capable de les apprécier.

» Il n'oublie personne dans ses demandes, ni la mère de l'interprète Boulad, pour laquelle il réclame l'élévation du secours qui lui était alloué comme fille de réfugié égyptien, et qui, dit-il, « a été si utile à ma » famille »; ni l'adjudant Milliz, chargé de tous les détails du service du château, « homme sage, sûr, et » qui a mis la plus grande patience dans ses rapports » avec tout mon monde » . . . .

» Toutes ces demandes, formulées d'une manière simple et touchante dans une note d'adieux adressée à

M. le ministre des affaires étrangères, ont été accueillies avec plaisir par l'Empereur et son gouvernement; et Abd-el-Kader n'emportera de la France que des impressions dont aucun souvenir des luttes passées, aucune antipathie de race, aucune différence de religion, ne pourront, nous en avons la confiance, affaiblir l'effet dans une âme généreuse et résignée aux décrets de la Providence. »

Cet hommage est un document qui appartient à l'histoire, et qu'on ne nous aurait pas pardonné d'oublier.

D'autres hommages attendaient encore l'Émir pendant tout le reste du voyage, et l'hospitalité française, présente à chaque halte de la route, devait l'accompagner jusqu'aux portes de Brousse.

Lyon, la seconde ville de France, devait se distinguer entre toutes par le noble accueil qu'elle lui fit. M. le préfet du Rhône, accompagné de plusieurs magistrats du département, était venu à sa rencontre jusque sur le bateau même, et l'avait conduit dans sa voiture chez M. le maréchal comte de Castellane, qui le reçut avec toute la courtoisie d'un gentilhomme et la cordialité d'un guerrier. Abd-el-Kader se rendit ensuite chez monseigneur le cardinal de Bonald, qui l'accueillit en véritable chrétien, et de manière à augmenter encore dans le cœur du fils de Mahomet la haute vénération qu'il professe depuis long-temps pour les princes de l'Eglise. L'Émir visita la belle église primatiale des Gaules, et, en quittant Son Éminence, se rendit à la préfecture pour remercier l'honorable M. Bret de ses gracieuses attentions, puis retourna dîner chez le maréchal, qui avait réuni, en son honneur, un grand nombre de convives d'élite.

Dans la soirée, il parcourut les principaux quartiers de Lyon, et, au milieu des témoignages de sympathie qu'une foule empressée lui offrait de toutes parts, il manifesta un vif étonnement de voir resplendir de cent mille lumières la ville entière et les coteaux si pittoresques qui l'environnent. Ayant appris que le motif de ces splendides illuminations était la fête de Notre-Dame-de-Fourvières, qui durait depuis plusieurs jours, il parut fort touché de l'unanimité et de la ferveur de la piété lyonnaise envers la Mère de Dieu.

Le lendemain M. le maréchal de Castellane avait voulu donner à l'Émir le spectacle émouvant d'une petite guerre. Cette solennité militaire, qui servait de parallèle à celle de Versailles, causa à l'illustre voyageur la plus vive satisfaction, et lui fournit l'occasion d'exprimer de nouveau toute l'admiration et la sympathie que lui inspirait l'armée française. Remerciant ensuite le noble maréchal de son affectueux et brillant accueil, Abd-el-Kader lui dit : « L'Empereur m'a donné la liberté ; vous l'ornez de rubans. » Au moment de se séparer de lui, il lui serra une dernière fois la main, en entrelaçant complétement les doigts, et lui apprenant que, dans les mœurs arabes, c'était un serment muet d'amitié éternelle.

A Vienne comme à Châlons, comme partout, il vit la rive du fleuve se couvrir d'une foule avide de voir et de saluer le héros de l'Afrique et l'hôte de la France. A Valence, M. le préfet de la Drôme vint à bord lui offrir ses félicitations et celles des habitants, et lui exprimer combien ils eussent tous eu de bonheur à le recevoir dans leurs murs. L'Émir, en le remerciant avec effusion de ces sentiments si bienveillants, témoigna le plus vif regret de ne pouvoir s'arrêter dans une ville qui possédait encore la chambre habitée et immortalisée par Napoléon Ier au début de sa carrière.

A Avignon, qu'il n'a fait que traverser ; à Arles, où il a visité les Arènes, et où il a reconnu, en savant archéologue, des traces d'architecture arabe ; à Marseille enfin, où il a séjourné plusieurs jours, l'Émir a trouvé partout le même sympathique accueil.

La ville aux vicomtes souverains a pu se croire un moment revenue aux beaux jours de sa puissance, quand, encore toute fière et tout émue de l'hospitalité qu'elle avait eu l'honneur d'offrir à Louis-Napoléon la veille de son avénement à l'Empire, elle se vit appelée à servir de dernière halte sur le sol français à Abd-el-Kader, partant pour l'Orient. Les princes-vicomtes de Marseille, qui combattaient à la fois les Lombards et les Sarrasins, qui donnaient des reines à la France et des saintes à l'Église, qui tantôt faisaient la guerre aux rois et tantôt leur donnaient asile, eussent été heureux et jaloux de recevoir un pareil hôte dans leur somptueux castel.

Les dernières lignes que traça l'Émir, les dernières paroles qu'il prononça avant de quitter la France, furent un dernier élan de reconnaissance et un dernier serment de fidélité.

Le 18 décembre, en écrivant la lettre qui est en tête de ce livre, il y joignait une autre lettre destinée à faire parvenir encore jusqu'au pied du trône l'assurance de son inaltérable dévoûment.

Le 21 décembre 1852, la frégate *le Labrador* emportait loin des côtes de France l'illustre vaincu, qui, cinq ans plus tôt, y avait abordé en croyant ne les toucher que pour une heure.

Le 21 décembre 1847 avait été pour Abd-el-Kader la journée de Waterloo, et, le soir même, il se décidait à venir déposer les armes entre les mains de la France.

En voyant *le Labrador* s'éloigner majestueusement, fier de son glorieux fardeau, on sentait les regrets du départ s'adoucir sous l'impression d'une consolante pensée : l'hôte de la France s'en allait libre, chargé de vœux, de présents et d'honneurs, le cœur rempli de reconnaissance, de saintes émotions et de doux souvenirs.

Puis, quelle noble hospitalité attendait encore l'Émir sur ce vaisseau français! *Le Labrador* n'était-il pas commandé par le marquis de Saint-Simon? Ce grand nom ne fait-il pas songer involontairement au passé, et ne reste-t-on pas émerveillé en présence de ces jeux solennels de l'histoire qui réunissent mille ans dans un seul jour, et qui placent tout à coup le successeur de Witikind sous la garde du descendant de Charlemagne [1]?

Le ciel protégea les illustres voyageurs et sut leur rendre favorables et les cœurs et les flots. *Le Labrador* fit relâche à Messine. S. M. le roi des Deux-Siciles s'était empressé de donner des ordres pour qu'on reçût l'hôte de la France avec tous les égards et les honneurs dus à son caractère et à son rang. L'Émir quitta bientôt Messine pour faire une excursion aux ruines de Taormine et au cratère de l'Etna. Une

---

[1] La famille ducale de Saint-Simon-Vermandois, descendant en ligne masculine et directe des comtes de Vermandois, fils déshérités de Charlemagne, est le seul rameau qui ait survécu en Europe à la chute du vieil arbre carlovingien. Louis XIV tint à honneur de joindre ce nom au grand nom de Bourbon sur la tête des princes ses fils légitimés. »

escorte d'honneur ne cessa d'accompagner sa voiture pendant tout le voyage, et à chaque pas il rencontra les attentions et les préparatifs d'une brillante hospitalité. A Taormine, les autorités vinrent au devant de lui pour le complimenter ; des rafraîchissements lui furent offerts, et des sérénades, se mêlant aux joyeuses acclamations de la foule, saluèrent son arrivée. Abd-el-Kader visita avec un vif intérêt les belles ruines de la nécropole, et étudia attentivement les monuments sarrasins mêlés aux tombeaux grecs et romains. En contemplant ces débris de tant de splendeurs, il répéta plusieurs fois : « L'enfant naît pour mourir, la maison s'élève pour tomber. »

A Jassy, à Saffarana, il trouva la plus sympathique réception, et arriva ainsi, par un chemin semé de fleurs, jusqu'au sommet de la montagne de feu et jusqu'aux bords du cratère. Qui peindra cette visite à l'Etna? Quel tableau il y aurait à faire et des magnificences de cette scène terrible et des émotions de cette âme ardente! D'un côté, un immense volcan en éruption; de l'autre, une grande intelligence en extase. Mais nous aimons mieux nous taire, et écouter tout à l'heure comment, dans ce cœur d'élite, ces impressions se résumaient au retour.

Sur la route qui ramène à Messine se trouve le magnifique couvent de Saint-Placide, de l'ordre de Saint-Benoît. Prévenus de la visite de l'Émir, les pères bénédictins avaient préparé une réception dont il s'est montré fort touché. Il s'est long-temps et affectueusement entretenu avec eux, et s'est plu à visiter en détail leur couvent. Après lui avoir offert des rafraîchissements, les RR. PP. l'ont reconduit jusqu'à sa voiture, restée sur la route à quelque distance.

Après avoir, dans ses épanchements avec les bons religieux, fait remonter à Dieu la gloire de ces grands spectacles de la nature, il crut qu'il devait aussi reporter ail-

leurs une part de sa reconnaissance, et son regard se tourna vers la France. Il se souvint de celui à qui il devait la liberté et avec elle toutes les joies, toutes les fêtes et toutes les splendeurs qui l'accompagnaient. Encore sous l'empire des vives émotions qui l'agitaient, il a chargé à plusieurs reprises le consul de France, M. Boulava, de mettre aux pieds de l'Empereur l'expression de son inépuisable reconnaissance pour tous les bienfaits passés, présents et futurs dont il lui est redevable : « Moi et
» mes fils, a-t-il répété en posant la main
» sur la tête de ses enfants, nous sommes
» et nous appartenons désormais et pour
» toujours à l'Empereur ! »

Le lendemain, avant de quitter le port, l'Émir écrivit à M. le chevalier Bettini, capitaine d'armes de Messine, qui l'avait accompagné dans sa pittoresque excursion, la lettre suivante, dans laquelle se reflètent les plus profondes impressions de son âme :

« Louange à Dieu seul !

» Au noble, au distingué monsieur le chevalier R. Bettini, capitaine d'armes de l'île de Sicile, salut :

» J'ai l'honneur de vous remercier de la réception qui nous a été faite et des égards qui nous ont été prodigués. Nous avons rencontré partout dans votre pays les traces des peuples divers qui ont successivement habité votre île, et nous nous sommes une fois de plus convaincu *que Dieu est le maître de l'univers, et qu'il en donne la propriété à qui bon lui semble.* Nous avons admiré *la montagne de feu*, une des plus grandes merveilles du monde; et, lorsque nous sommes arrivé sur ses pentes, nous avons contemplé le pays heureusement peuplé et admirablement cultivé qui a fait dire à un poète arabe, à propos de la Sicile sur le point d'être évacuée par les Sarrasins :

« Des hauteurs de l'Etna, ô campagnes de la Sicile !
» votre souvenir fait mon désespoir ! Si les larmes n'é-
» taient pas si amères, je croirais que mes pleurs font
» les fleuves de cette île fortunée. Celui-là seul qui
» viendrait du Paradis pourrait raconter les merveilles
» de la Sicile. »

» Nous avons conclu de la prospérité de cette île à la sagesse de son gouvernement. Nous avons aussi rendu hommage au généreux Sultan Napoléon III, qui est pour nous la première cause de la vue de tant de merveilles, et nous avons adressé nos remercîments à Dieu pour la protection qu'il ne cesse de nous accorder.

» Salut de la part d'Abd-el-Kader-ben-Mahhi-ed-Din.

» Au milieu de Rebi-el-Aouel 1269 (28 décembre 1852). »

Nous nous serions reproché de n'avoir pas recueilli pieusement ce cri de la reconnaissance parti du sommet de l'Etna.

Dans le port de Syra, où *le Labrador* a dû séjourner, Abd-el-Kader reçut un accueil non moins honorable et empressé de la part du gouvernement et du peuple grecs ; les autorités, qui s'étaient rendues à bord pour le complimenter, l'ont vivement pressé de descendre à terre, où des appartements et des honneurs l'attendaient.

L'Émir, ayant cru devoir résister à ces aimables instances, reçut à bord pendant tout le temps de son court séjour les visites les plus sympathiques et les plus distinguées. La population hellénique, par l'organe de ses plus nobles représentants, n'a cessé de le combler de prévenances. On sait avec quelle grâce l'illustre guerrier reçoit ces hommages. Toutes les personnes admises près de lui l'ont quitté ravies de son exquise courtoisie et émerveillées de sa profonde connaissance de l'histoire des peuples européens, et surtout du peuple grec, dont il citait à chaque instant, avec un gracieux à-propos, les actes les plus mémorables.

Le 7 janvier 1853, *le Labrador* entrait à Constantinople, salué de vingt et un coups de canon par les batteries de Top-Hané, et de dix-neuf coups de canon par les bâtiments du port.

Son Excellence M. le marquis de Lavalette, ambassadeur de France, avait envoyé M. Dauprat, drogman de l'ambassade, au devant de l'illustre voyageur, pour le complimenter de sa part sur son heureuse arrivée.

Le lendemain, Abd-el-Kader est descendu à terre, et s'est rendu à la mosquée de Top-Hané pour y rendre grâces à Dieu

Puis, accompagné de trois personnes de sa suite et précédé de quatre cavass de l'ambassade, il est allé faire visite à M. de Lavalette, dont il a reçu le plus affectueux accueil; au cheick Ul-Islam, avec lequel il est resté long-temps et qui l'a traité avec toutes les marques du plus haut intérêt; au grand-visir, dans les appartements duquel se sont bientôt rendus le ministre de la guerre et le président du Conseil d'État, et où il a été comblé d'attentions et d'égards, et enfin au ministre des affaires étrangères, qui lui a fait la même réception pleine de déférence et de cordialité.

Le soir même, M. le marquis de Lavalette, accompagné du personnel de l'ambassade, s'est transporté à bord du *Labrador* pour y rendre visite à l'Emir, et y a été salué de dix-neuf coups de canon.

Le 9, Son Excellence offrit à l'hôte illustre de la France, au palais de l'ambassade, un grand dîner, auquel assistaient Fuad-Effendi, ministre des affaires étrangères; Sidi-Kaddour-ben-Embarack, ex-khalifa de l'Emir; M. le marquis de Saint-Simon, commandant du *Labrador*, M. le commandant baron Boissonnet, plusieurs chefs de mission et quelques autres personnes de distinction. A la suite du dîner, les salons de l'ambassade s'ouvrirent à une foule nombreuse d'invités. La suite d'Abd-el-Kader, Sidi-Kaddour, Kara-Mohamed, Sidi-Allal, Sidi-Mustapha-ben-Abilabeb, ne cessa d'être l'objet d'une attention pleine de sympathie de la part de la noble et brillante assemblée, qui admirait les riches costumes et les énergiques visages de ces fidèles compagnons du malheur.

Le 12 janvier, l'Emir a été conduit, sur une embarcation du ministre de la guerre, au palais impérial de Tchigaran, où l'attendait, avec une gracieuse bienveillance, S. M. I. le Sultan Abd-ul-Medjid.

Nous laissons Abd-el-Kader avec le jeune et généreux souverain, qui va le couvrir désormais de son auguste hospitalité.

Le journal presque quotidien que nous venons de tracer de la vie publique de l'Émir, depuis Amboise jusqu'à Constantinople, et qui puise son excuse dans la haute signification de chacun de ces actes et de chacune de ces paroles, se trouve terminé.

Après l'avoir accompagné au pied du trône de l'Empereur des Français, nous avons voulu le conduire jusqu'au pied du trône de l'Empereur de Turquie. L'un achèvera noblement ce que l'autre a si victorieusement commencé, et le glorieux nom d'Abd-el-Kader servira à resserrer encore par un lien de plus l'alliance de deux grands princes et de deux grands peuples.

Pour nous, quelque regret que nous ayons de quitter le héros qui a su nous inspirer une affection égale à notre admiration, consolons-nous en voyant son beau front illuminé par les rayons du soleil d'Orient et sa gloire placée sous la protection d'une double couronne impériale.

Puisse notre livre mériter à son tour une double protection, et ne paraître indigne ni de l'auguste patronage que nous sollicitons pour lui dès la première page, ni du héros auquel il est consacré et dont nous implorons la clémence en traçant cette dernière ligne!

NOTES

I

Notre premier devoir, après avoir terminé cette esquisse historique, est de remercier les personnes bienveillantes qui nous ont prêté le secours de leur obligeante mémoire ou de leurs documents particuliers, et de citer les sources où nous avons puisé çà et là des paroles et des faits.

M. le général Daumas, qui était en mesure d'écrire ce livre beaucoup mieux que nous, a droit le premier à toute notre gratitude. Non seulement il a bien voulu mettre à notre disposition les trésors de ses souvenirs et de ses albums, mais son bel ouvrage sur la *Grande-Kabylie*, auquel l'académie des sciences (section de statistique) vient de décerner une mention honorable dans sa séance du 20 décembre dernier, et qui eût pu aspirer à un honneur plus grand encore dans une autre section, nous a fourni plusieurs citations précieuses.

Mgr. Dupuch, premier évêque d'Alger, a eu la bonté de nous confier quelques uns des épanchements de l'amitié. Sa brochure intitulée *Abd-el-Kader au château d'Amboise* nous a aussi donné d'utiles renseignements. Personne ne connaît mieux l'âme de l'Emir que le noble prélat qui a conquis depuis si long-temps son impérissable affection. Aussi, quand le Prince qui semble destiné à réparer en France toutes les injustices du passé a fait sentir, presque en même temps, au guerrier victime de sa bonne foi, et à l'évêque victime de son zèle, le bienfait d'une justice magnanime, tous deux se sont déclarés solidaires d'une double reconnaissance, et chacun de ces deux grands actes a été béni par deux voix à la fois.

La lettre suivante, adressée à M. le rédacteur en chef du *Pays*, est une preuve de plus de cette sublime solidarité qui se fait sentir à travers les émotions les plus solennelles :

« Monsieur le Rédacteur,

» Je suis trop ému pour pouvoir parler ou écrire. Je reçois
» en effet dans l'instant *le Moniteur* d'aujourd'hui.

» Cependant, je croirais manquer au plus sacré devoir
» si je n'acquittais pas sur-le-champ, par votre organe ami,
» la dette de ma reconnaissance la plus profondément sen-

» tie, celle de l'Eglise de France tout entière, envers le gé-
» néreux Prince qui, après avoir rendu, il y a quelques jours
» à peine, la liberté et la vie à un illustre captif, vient de
» rendre à l'ancien évêque, à l'ami le plus cher d'Abd-el-
» Kader, plus que l'une et l'autre.

» † Ant.-Ad. DUPUCH,

» *Premier évêque d'Alger.*

» Paris, 3 novembre 1852.

» *P.-S.* Je n'ai pas accompli tout mon devoir ; je n'ai pas
» nommé M. le chanoine Montéra. »

M. le maréchal Magnan nous permettra aussi de lui témoigner ici notre reconnaissance pour les précieuses communications qu'il nous a faites sur la guerre d'Afrique. Ce n'est pas d'ailleurs la première fois qu'il nous a prouvé avec quel zèle il favorise tout ce qui peut tourner au profit ou à l'honneur de l'armée.

Nous nommerons encore M. le capitaine baron du Casse, aide-de-camp de S. M. le roi Jérôme, dont le talent, comme écrivain militaire, est connu de tout le monde, et dont l'obligeance égale le talent.

Dans notre impuissance à remercier nominativement toutes les personnes qui ont fourni à notre œuvre quelque détail, quelque trait inconnu de la vie de l'Emir, nous nous bornons à citer les récits de M. Schmitz, capitaine d'état-major ; de MM. de Lacroix, Manucci et

Bareste, qui, quoique imprégnés parfois d'un esp ri
que nous sommes loin de partager, n'ont pas été sans
utilité pour notre travail.

II

NAPOLÉON Ier.

Nous ne saurions mieux constater les services de premier ordre que Napoléon Ier a rendus à l'Église et à la civilisation chrétienne qu'en citant les magnifiques paroles du plus grand orateur sacré de ce siècle. On verra qu'en accomplissant ces actes solennels, l'Empereur des Français était vraiment le successeur de Charlemagne.

Voici comment s'exprimait le R. P. Lacordaire, dans la chaire de Notre-Dame, le 14 février 1841 :

« La France avait trahi son histoire et sa mission. Dieu pouvait la laisser périr, comme tant d'autres peuples déchus, par leur faute, de leur prédestination. Il ne le voulut point ; il résolut de la sauver par une expiation aussi magnifique que son crime avait été grand. La royauté était avilie : Dieu lui rendit sa majesté, il la releva sur l'échafaud. La noblesse était avilie : Dieu lui rendit sa dignité, il la releva dans l'exil. Le clergé était avili : Dieu lui rendit le respect et l'admiration des peuples ; il le releva dans la spoliation, la misère et la mort. La fortune militaire de la France était avilie : Dieu lui rendit la gloire ; il la releva sur les champs de bataille. La papauté avait été abaissée aux yeux des peuples : Dieu lui rendit sa divine auréole, il la releva par la France. Un jour, les portes de cette basilique s'ouvrirent ; un soldat parut sur le seuil, entouré de généraux et suivi de vingt victoires. Où va-t-il ? Il entre ; il traverse lentement cette nef ; il monte vers le sanctuaire ; le voilà devant l'autel. Qu'y vient-il faire, lui l'enfant d'une génération qui a ri du Christ ? Il vient se prosterner devant le vicaire du Christ et lui demander de bénir ses mains afin que le sceptre n'y soit pas trop pesant à côté de l'épée ; il vient courber sa tête militaire devant le vieillard du Vatican, et confesser à tous que la gloire ne suffit pas sans la religion pour sacrer un Empereur. Il avait compris, malgré toutes les apparences contraires, que le souffle divin ne s'était point retiré de la France, et c'est là vraiment le génie, de ne pas s'arrêter à la superficie des choses, mais d'aller au fond en surprendre la réalité cachée. C'est là vraiment gouverner les peuples, de ne pas croire à leurs mauvais penchants, et de leur révéler à eux-mêmes ce qui reste en eux de grand et de bon. Ainsi Dieu sauva-t-il la France. » (*Extrait du discours sur la vocation de la nation française.*)

Citons encore le saisissant portrait que l'illustre dominicain traçait sous les voûtes de la cathédrale de Nancy, en présence de monseigneur Menjaud, évêque de Nancy et de Toul, primat de Lorraine, aujourd'hui premier aumônier de l'Empereur, le 28 août 1844.

Extrait de l'éloge funèbre de monseigneur de Forbin-Janson, évêque de Nancy :

« Il y avait alors sur le trône de France un homme supérieur à tous ses contemporains non seulement par le génie de la guerre et de la législation, mais surtout par la profondeur de ses instincts religieux. Aussi grand par la conquête que César, Alexandre, César et Charlemagne, il avait eu le mérite de reporter sa nation vers Dieu, et, bravant, jusque dans ses généraux, les derniers sifflements de l'incroyance populaire, on l'avait vu saisir d'une main courageuse et tenir ensemble dans un même faisceau l'épée, le sceptre et la croix de Jésus-Christ. Ce grand homme n'avait de haine contre rien, ni contre Dieu, parce que lui-même était puissant et le créateur d'un monde nouveau; ni contre la noblesse, parce que lui-même descendait en droite ligne de tous les vieux héros; ni contre le peuple, parce que lui-même il en était l'enfant, ni contre le passé et l'avenir, parce qu'il se croyait aussi fort qu'eux. Homme social, il embrassait dans sa large poitrine toutes les pensées honnêtes de l'humanité, et n'y proscrivait rien que la bassesse et l'incapacité. »

Il n'est pas sans intérêt de relire, aujourd'hui que l'Empire s'est si merveilleusement relevé de ses ruines, cette autre page que le même orateur consacrait à l'Empire écroulé ; cet hommage rendu dans la chaire sacrée, devant le cercueil de celui que Napoléon appelait le *Sage de la grande armée*, ne saurait, pas plus que les autres, être accusé de flatterie.

Extrait de l'éloge funèbre du général Drouot, prononcé le 25 mai 1847, dans la cathédrale de Nancy, en présence de monseigneur Menjaud, évêque-primat de Lorraine.

« La ruine de l'Empire, en mettant le général Drouot aux prises avec le malheur, lui prépara une illustration qui n'a laissé autour de sa mémoire rien de semblable à lui. Il aimait l'Empereur et l'Empire avec une passion toute chevaleresque : l'Empire, parce qu'il l'estimait le plus haut point de gloire où la France fût parvenue depuis Charlemagne ; l'Empereur, parce qu'il avait vécu avec lui pendant deux années de souffrances et de revers, et qu'il avait senti le cœur de l'homme à travers l'éclat du prince et l'orgueil du conquérant. La chute de ces deux géants, l'Empereur et l'Empire, fut pour lui un coup dont nous ne pouvons nous faire aucune idée, nous déjà si loin de ces événements, et qui n'y avons pris d'autre part que d'en lire sur un papier froid, et *souvent ingrat*, le pâle récit. Mais ceux qui avaient mis dans ce prodigieux édifice vingt années de leurs fatigues et de leur sang; ceux qui avaient vieilli sur les champs de bataille entre la gloire et la mort à tout moment présentes et confondues, et qui, dans l'élévation de la France, croyaient avoir servi une cause patriotique et juste, ceux-là devaient éprouver, le jour où tomba cet ouvrage, une angoisse d'âme que nous aurions vainement l'espoir de peindre ou de ressentir. »

III

WITIKIND ET LA MAISON DE BRUNSWICK.

Tout ce que nous avons avancé sur Witikind et ses descendants est de la plus rigoureuse exactitude historique. Ses petits-fils, le roi Henri l'Oiseleur et les empereurs Othon le Grand, Othon II, Othon III et Othon IV de Brunswick, ont succédé glorieusement sur le trône germanique à la dynastie carlovingienne, qui venait de s'éteindre en Allemagne. En France même, le sang de Witikind est monté sur le trône dans la personne de Hugues Capet, dont la mère, Hedvige de Saxe, était une descendante directe du héros saxon. Peut-être même ne tardera-t-il pas à être prouvé, ainsi que l'ont déjà indiqué Chifflet, Dom Mabillon, le Père Anselme, et quelques autres savants historiographes, que la maison royale de France est une branche de la grande famille Guelphe, qu'ainsi les Bourbons et les Brunswick ont la même souche, et que la dynastie capétienne, au lieu de s'arrêter à Robert le Fort, remonte jusqu'à Witikind et au berceau de la Germanie.

C'est dans le duché de Brunswick, le royaume de Hanovre et toutes les anciennes possessions des Guelphes-Brunswick, qu'ont eu lieu la guerre et la conversion des Saxons. C'est là leur pays et leur berceau. La Saxe actuelle n'a pris ce nom que sept siècles environ après la grande lutte saxonne : elle s'appelait la Misnie, et n'était qu'un fief vassal du grand duché de Saxe.

La Saxe véritable et primitive comprenait les pays désignés aujourd'hui sous les noms de Brunswick, de Hanovre et de Westphalie. Aussi Henri le Lion de Brunswick, souverain de la moitié de l'Allemagne, avait-il dans son seul duché de Saxe les huit évêchés érigés par Charlemagne, et aujourd'hui encore à Hildesheim, l'un de ses siéges épiscopaux (royaume de Hanovre), à Orheim (id.), et à Helmstadt (duché de Brunswick), trouve-t-on à chaque pas les souvenirs et les monuments de la soumission et du baptême des Saxons.

Tous les états de Brunswick sont pleins aujourd'hui

encore de la mémoire et du culte de Charlemagne. La glorieuse maison Guelphe, qui est si fière d'avoir gardé pendant plus de dix siècles le sang et le berceau de Witikind, et qui les défendait si vaillamment au commencement de ce siècle, n'est pas moins fière de ses alliances avec le sang carlovingien, et, à l'heure qu'il est, elle porte encore sur son écusson, à côté du célèbre cheval d'argent, la couronne d'or de Charlemagne.

On sait comment cette race, dix fois royale et deux fois impériale, qui avec la maison de France domine l'histoire depuis mille ans, et qui aujourd'hui occupe encore les trois trônes d'Angleterre, de Hanovre et de Brunswick, s'est vue tout à coup traitée dans la personne de son chef par le gouvernement de Juillet.

Le duc Charles II, duc souverain de Brunswick, et Lunebourg, prince de Wolfenbuttel et de Blankenbourg, chef de la maison d'Angleterre, etc., venait d'être renversé de son trône par une révolution de palais. Le gouvernement français, nouvellement installé par une révolution, l'invite, par l'organe d'un de ses ministres, à venir chercher en France un asile honorable et sûr. A peine y est-il, que, sous prétexte qu'il fait des armements pour reconquérir sa couronne (armements d'abord officieusement favorisés par le ministère), on fait saisir ses millions par la main des huissiers, et on le fait expulser par la main des gendarmes.

Mais le gouvernement qui honorait ainsi aux yeux de

l'histoire et du monde l'hospitalité française avait oublié la fière devise des Brunswick, devise que, depuis Witikind, l'un des premiers chefs de leur race, jusqu'à son chef actuel, ils n'ont pas cessé un instant de justifier avec une effrayante persévérance : « *Nec aspera terrent! Les obstacles ne m'effraient pas!*

C'est la devise de tous les grands caractères. Elle pourrait s'appliquer aux Napoléon comme à Abd-el-Kader et à Witikind. Mais il n'y a pas dans l'histoire deux races qui l'aient justifiée pendant mille ans par son courage et ses malheurs, comme la race des Guelfes.

Le jeune prince accepta donc la lutte, et il ne tarda pas à remporter la victoire. Il sauva sa personne en faisant enlever à sa place un sosie, que la police reconduisit à la frontière avec un majestueux déploiement de forces, une suite imposante de chaises de poste et un luxe inouï d'escortes militaires ; et pendant que l'humble et dévoué serviteur remplissait, à tant par jour, le rôle de souverain détrôné, se laissait emporter vers les montagnes de la Suisse, le chef de la maison de Brunswick, tranquille à Paris, se préparait à se présenter tout à coup devant les tribunaux français, à y plaider lui-même sa cause, et à contraindre le gouvernement à lui restituer sa fortune.

L'honneur et la loyauté ne sont jamais bannis du sol de France, et cette fois ce fut la Justice qui se chargea de casser par ses arrêts souverains les injustes arrêts de la Politique.

Le duc de Brunswick, appuyé, d'un côté, sur son droit, et, de l'autre, sur le talent de MM. Berryer, Delangle, de Vatimesnil, Hennequin, Odillon-Barrot, Philippe Dupin, Bethmont, Parquin, Mauguin, Charles Comte et Merlin, triomphait, grâce à la noble indépendance du tribunal de la Seine et de la Cour royale de Paris, de l'odieuse coalition du gouvernement de juillet et de deux souverains étrangers.

Vingt ans n'ont point encore effacé le souvenir de cette lutte célèbre.

Quel beau rôle eut à remplir ce jour-là la magistrature française, quand elle vit un exilé, qui avait porté la couronne, se présenter à sa barre et s'adresser à elle en ces termes :

« Je viens ici pour me faire connaître à ceux qui doivent être les juges d'un Prince qui était né pour n'en avoir point d'autre que Dieu.

» Mes tout-puissants adversaires ont cherché à m'intimider en me faisant savoir que, si je paraissais devant vous, si j'y élevais la voix, le gouvernement français leur avait promis de s'emparer de ma personne et de me livrer entre leurs mains. Mais on ne m'effraie pas si facilement... *Nec aspera terrent!*.....

» Messieurs, je suis sûr que les tribunaux français donneront à l'Europe une nouvelle preuve de leur indépendance et de leur équité ; l'honneur d'une grande nation ne sera point compromis ; il ne recevra point la tache que lui imprimerait l'extradition d'un Prince étranger qui a cherché dans son sein un refuge contre la persécution et la puissance de ses nombreux ennemis..... »

Ces fières et loyales paroles, sorties d'une bouche habituée à commander à tout un peuple, ne furent point stériles.

Avant de tenir ce langage aux magistrats, voici celui que le jeune prince avait tenu aux ministres. Il consentait bien à demander justice aux uns, mais il ne voulait pas demander grâce aux autres :

A M. le Comte de Montalivet, Ministre de l'Intérieur.

Paris, 12 septembre 1832.

« Monsieur le Ministre,

» .... Quand je relis votre lettre, je ne puis trop m'étonner de son langage. Dans les premières années de votre révolution, au moment où la puissante République française poursuivait de toutes parts tous les membres de la famille des Bourbons, mon grand-père osa seul, en Allemagne, leur offrir et leur donner un asile ; depuis il est mort à Iéna, en partie pour leur cause, et c'est aussi pour leur cause que mon père est mort à Waterloo. Les miens ayant bravé les vengeances de la France pour secourir la famille du Roi des Français, mon grand-père et mon père tombés pour elle sur le champ de bataille, voilà des titres qui pourraient me mériter sa justice. Et quand vous m'expulsez, vous appelez cela *mesure de convenance!* Vous l'appelez une *mesure de nécessité*, parce qu'elle vous est demandée par la diplomatie étrangère! Et vous l'appelez une *mesure légale*, quoiqu'elle soit prise en violation de vos lois!

» Je résisterai, Monsieur; j'invoquerai, s'il le faut, l'appui des tribunaux et des Chambres de France; et, de même qu'autrefois, quand j'exerçais le pouvoir souverain, on m'a vu, en refusant à un puissant monarque des réparations qui ne lui étaient pas dues, défendre l'honneur de la souveraineté, qui était celui de ma nation, de même aujourd'hui et avec la même persistance on me verra défendre la cause de la liberté individuelle et des lois, qu'on veut étouffer dans ma personne.

» Charles, duc de Brunswick. »

Si nous avons cité ce fragment d'une lettre officielle, c'est parce que, pièce importante d'un grand procès, elle est aujourd'hui un document historique, et qu'il n'est pas sans utilité pour l'enseignement des peuples de voir de près quelle différence d'allure distingue la politique d'expédients de la grande et loyale politique. Ce ne sont pas les hommes que nous voulons mettre en présence, ce sont les principes.

IV

LISTE APPROXIMATIVE DES PRINCIPAUX CHEFS DE L'ARMÉE FRANÇAISE QUI ONT PRIS PART A LA LUTTE CONTRE L'ÉMIR ABD-EL-KADER.

Cinq princes du sang royal de France :

LL. AA. RR. le duc d'Orléans, le duc de Nemours, le prince de Joinville, le duc d'Aumale et le duc de Montpensier, qui tous ont été au premier rang sur le champ de bataille.

Seize ministres de la guerre :

Les maréchaux duc de Dalmatie, comte Gérard, duc de Trévise et marquis Maison; les généraux baron Bernard, Schneider, Cubières, Moline de Saint-Yon et Trézel, qui ont lutté contre Abd-el-Kader comme ministres de la guerre.

Les généraux Cavaignac, de Lamoricière, Rulhière,

comte d'Hautpoul, comte de Schramm, Randon et le maréchal de Saint-Arnaud, qui, avant d'être ministres de la guerre, avaient combattu l'Emir.

Dix maréchaux de France :

Les maréchaux Clausel, Gérard, Soult, Drouet d'Erlon, Valée, Bugeaud, Vaillant, de Saint-Arnaud et Magnan.

Environ cent cinquante généraux :

Les généraux Damrémont, Berthezène, Bernard, Desmichels, Mollière, Lemercier, Commann, Négrier, Damesme, du Vivier, de Bréa, Bouscarem, et tant d'autres morts glorieusement.

Les généraux de division comte de Schramm, Woirol, Rohault de Fleury, duc de Reggio, Trézel, Rulhière, comte de Rumigny, marquis de Castelbajac, comte d'Hautpoul, comte d'Houdetot, de la Moricière, Changarnier, comte Baraguey d'Hilliers, de Bar, Bedeau, Boyer, Létang, Le Pays de Bourjolly, Duvivier, Aupich, Randon, d'Arbouville, Cavaignac, Marcy-Monge, Korte, Charron, Levasseur, Gentil, Thiéry, Reveu, Pélissier, Delarue, Renault, comte Roguet, Herbillon, Morris, de Courtigis, Forey, Gudin, Camou, de Salles, de Chalendar, Lebreton, de Rilliet, de Ladmiraut, Cornemuse, Daumas et Canrobert.

Les généraux de brigade vicomte de Trobriant, marquis de Brossard, Bernelle, Petit Dautrive, Lechesne, Renault, Tempoure, comte de Latour-du-Pin, Tartas, comte de Polignac, Drolenvaux, Blangini, Lapeyre, Bonet, Senilhes, Allouveau de Montréal, J. Levaillant, Le Flô, de Mac-Mahon, de Bourgon, Cuny, C. Levaillant, de Lusy de Pélissac, comte de Chasseloup-Laubat, de Creny, Grobon, Bosquet, Roche, Lapène, Partouneaux, vicomte de Goyon, Paté, Walsin-Esterhazy, Mellinet, Dalesme, de Cotte, Richepance, Marulaz, Eynard, de Montauban, de Gérandon, d'Allonville, Maissiat, duc d'Elchingen, Dupuch, comte de Montébello, Mayran, Cœur, Repond, Bouat, Peyssard, d'Aurelle de Paladines, Yusuf, O'Keef, de Cambray, de Noue, de Berthier, Jamin, d'Autemarre d'Ervillé, Courby de Cognord, Espinasse, de Lourmel, Feray, Lheureux, Foltz, de Mirbeck, et Collier.

Nous ne nous flattons point de donner ici une nomenclature exacte et complète de tous les officiers généraux qui ont figuré honorablement dans cette lutte de quinze années (1832-1847). Ce n'est qu'un aperçu tracé en courant.

V

LA SMALA D'ABD-EL-KADER.

Nous croyons devoir clore notre livre par la liste des principaux personnages de la famille et de la suite de l'Emir qui ont partagé sa captivité.

MÈRE DE L'ÉMIR.

Lella-Zohra-bent-Sidi-Omar-ben-Douba, âgée d'environ 80 ans, d'une intelligence remarquable, d'un extérieur vénérable et imposant, digne en tout point d'être la mère de celui dont le portrait se résume en ces quatre mots : *Cœur et bouche d'or, volonté de fer et corps d'acier.*

LA SULTANE, FEMME DE L'ÉMIR.

Lella-Kheira-bent-Sidi-Aly-ben-Taleb, distinguée par ses hautes qualités et sa rare beauté, est la seule femme légitime qu'ait jamais eue Abd-el-Kader. Elle l'a épousé très jeune et l'a accompagné dans presque toutes ses campagnes. Pendant sa captivité, elle a conquis l'estime et l'amitié des femmes françaises qui l'ont approchée, et surtout des sœurs de charité qui avaient été placées par Mgr Dupuch au château d'Amboise. Elle a aujourd'hui environ 30 ans.

ENFANTS DE L'ÉMIR.

Abd-el-Kader a perdu plusieurs enfants pendant sa longue captivité, notamment l'aîné de ses fils, *Sidi-Abdallah*, mort à Pau en 1848. Ceux qui ont survécu sont :

Lella-Khedidja, âgée de 18 ans, est mariée avec *Sidi-Mohamed-Saïd*, son oncle, frère aîné d'Abd-el-Kader.

Lella-Zohra, âgée de 16 ans, a épousé *Sidi-Sadack*, son cousin-germain, fils de Sidi-Mohamed-Saïd. Ce noble jeune homme, retenu au Maroc, s'est échappé secrètement, et est accouru à Amboise réclamer la main de sa fiancée et l'honneur de partager la prison de l'Emir. Son arrivée et son mariage ont été des jours de fête pour les exilés.

Sidi-Mohamed, âgé de 12 ans, l'aîné des fils d'Abd-el-Kader.

Sidi-Mahhi-ed-Din, âgé de 9 ans. Tous deux, nés de la Sultane, ainsi que les deux filles aînées, portent sur leur visage, pâle et grave, les traces d'un climat étranger, mais aussi l'expression d'une vive intelligence et d'une grande énergie.

Les autres enfants de l'Emir sont encore :

Yamina, 8 ans, pleine d'esprit et de vivacité.

El-Brahim, 4 ans, petit Benjamin de la famille.

El-Hachemi, âgé seulement de quelques mois.

FRÈRES ET SOEURS DE L'ÉMIR.

Sidi-Mohamed-Saïd, frère aîné d'Abd-el-Kader, qui ne l'aborde qu'avec toutes les marques d'une profonde déférence. Il a 55 ans environ, et son visage rappelle toute la physionomie de l'Emir, moins le génie. Il a deux fils et une fille : *Sidi-Mortada*, *Sidi-Sadack*, qui a épousé la seconde fille de l'Emir, et *Lella-Missoura*, âgée de 19 ans, d'une beauté accomplie.

Sidi-Mustapha, frère puîné d'Abd-el-Kader, homme intelligent et distingué. Il a trois fils et deux filles.

Sid-el-Haoussim, troisième frère d'Abd-el-Kader, âgé d'environ 27 ans, a aussi plusieurs enfants.

Sidi-Hamed, le dernier des frères de l'Emir.

Lella-Aïcha, leur sœur unique, avait épousé le khalifa *Sidi-Mustapha-ben-Thamy*, dont elle est maintenant séparée.

Tous les frères d'Abd-el-Kader ont quitté Amboise depuis quelques mois, et habitent maintenant le Maroc.

L'Emir a encore avec lui :

Msouda, sa belle-mère.

Mohra, sa nourrice.

Sidi-Mohamed-ben-Mohamed, l'un de ses neveux.

Sidi-Mustapha-ben-Thamy, son beau-frère et son

ancien khalifa de Mascara, homme d'une science profonde, mais d'un aspect terrible.

Sidi-Kaddour-ben-Embarack, autre khalifa d'Abd-el-Kader, qui a joué un grand rôle dans la guerre d'Afrique, et qui est couvert de blessures. Véritable Roland ou Bayard, sa vaillance égale sa noblesse. Issu d'une des plus puissantes, des plus riches, des plus illustres et des plus antiques familles de toute l'Algérie, il est le neveu du célèbre et chevaleresque khalifa Sidi-Embarack, mort si glorieusement sur le champ de bataille. Sidi-Kaddour a perdu son fils unique à Amboise.

Sidi-Allal-ben-Embarack, frère de Sidi-Kaddour, âgé de 18 ans. C'est ce noble et beau jeune homme que tout Paris a admiré aux côtés de l'Emir, et qui, déjà initié à la langue et aux mœurs françaises, est aussi remarquable par la courtoisie et la distinction des manières que par les qualités de l'intelligence et du cœur.

Kara-Mohamed, ancien Agha de la cavalerie régulière, aujourd'hui intendant de l'Emir. Hercule au visage bronzé, mais plein de cœur et d'abnégation, il a poussé jusqu'au sublime le courage dans les combats et le dévoûment dans le malheur. Abd-el-Kader a pour lui une vive et reconnaissante affection, et il ne le quitte jamais.

Deux Talebs (savants) sont au service de l'Emir :

l'un est chargé d'instruire ses enfants, et l'autre ses serviteurs.

Une suite d'environ vingt-quatre domestiques complète le personnel qui accompagne Abd-el-Kader.

FIN.

TABLE DES MATIÈRES.

PREMIÈRE PARTIE.

Charlemagne et Napoléon.

Chapitre I.	La veille de l'Empire.	1
II.	Adrien Ier et Pie IX	11
III.	Witikind	25
IV.	Le nouveau Witikind	49
V.	Napoléon III	73

DEUXIÈME PARTIE.

Abd-el-Kader.

Chapitre I.	Naissance et mission d'Abd-el-Kader	87
II.	Portrait d'Abd-el-Kader	139
III.	Les prisonniers d'Abd-el-Kader	187
IV.	La capitulation d'Abd-el-Kader	227
V.	Captivité d'Abd-el-Kader	281
VI.	L'hospitalité de la France	317
Notes.		413

AUTOGRAPHE D'ABD-EL-KADER.

الحمد لله وحده

حضرة الفاضل العالم النسيب دي صيفري السلام
عليكم وبعد ما انكم اخبرتموني انكم اردتم تذكروا
اسمنا في عنوان كتابكم ومقدمته وهذا الشيء
بوفي حقنا ولسنا اهله ولكن لما عزمتم على ذلك
فانتم اهل لكل فعل نسأل الله ان يجازيكم عندنا
بافضل الجزا. وان يكثر اهل العلم والفضل اذ
بهم تصلح البلاد والعباد والسلام عليكم من
عبد القادر بن محي الدين يوم الاثنين ثامن ثمان
من ربيع الاول عام ١٢٦٩

Louange à Dieu seul!

A sa Seigneurie le parfait, le savant Sid de Civry.

que le salut soit sur vous!

Vous m'avez fait connaître que vous aviez l'intention de mettre mon nom dans la dédicace du livre que vous composez.

Cet honneur est au dessus de ce que je mérite, mais puisque vous l'avez résolu, vous méritez tous mes remerciements.

Je prie Dieu de vous récompenser à cause de moi, et d'augmenter le nombre des hommes de science et de perfection qui, comme vous, feront le bien du pays et de ses habitants.

Le salut de la part d'Abd-El-Kader ben Mahhi-ed-Din

Ecrit le lundi 8 du mois de Rebi el Aouel 1269 (Samedi 18 Décembre 1852).

www.ingramcontent.com/pod-product-compliance
Lightning Source LLC
Chambersburg PA
CBHW051827230426
43671CB00008B/861